Das Wald und Wiesen Kochbuch

DIETMAR EIRICH

DAS WALD UND WIESEN
KOCHBUCH

Alles Liebe und Gute
und viel Spaß mit diesem
Buch wünscht d...

Birgit

LUDWIG

Inhalt

Vorwort

Das Besondere an wilden Gewächsen: Sie sind gesünder und schmecken besser als kultivierte Pflanzen, denn sie haben einen wesentlich höheren Vitaminanteil als Kulturpflanzen und sind reicher an ätherischen Ölen und Aromastoffen.

Meist läuft man achtlos beim Spazierengehen oder im Garten an ihnen vorbei, wenn man sich nicht gerade als Hobbygärtner über das so genannte »Unkraut« ärgert. Was nicht alle wissen: Wildkräuter und Wildgemüse sind eine ganz besonders vitaminreiche und noch dazu preiswerte Delikatesse – das ganze Jahr über.

Vergessene Schätze der Natur

Warum viele essbare und schmackhafte Pflanzen im Lauf der Jahrhunderte in Vergessenheit geraten sind, hat einen simplen Grund: Sie waren zu leicht verfügbar. Man findet sie praktisch überall, ob im eigenen Garten, im Wald oder auf Wiesen und an Wegrändern. Der gezielte Anbau dieser wilden Pflanzen lohnt sich also nicht, denn damit sind kaum wirtschaftliche Erträge zu erzielen, und außerdem kennt sie der heutige Fastfoodkunde nicht.

Mal ehrlich – würden Sie denn Geld für ein Kilogramm Gartenmelde, Brennnessel oder Giersch bezahlen? Die Konsequenz: Kaum einer von uns weiß heute noch, dass Breitwegerich, Spitzwegerich oder Beinwell auch Speisepflanzen sind. Kaum einer kennt den Geschmack von Kleiner Braunelle, Gundermann oder Melde. Altes Wissen – auch die medizinische Wirkung der Wildkräuter – ist fast völlig vergessen. Außerdem haben heute immer noch einige Wildpflanzen und manche Wildkräutergerichte das negative Image des »Nachkriegsessens« und sind entsprechend unbeliebt.

Gesunde Köstlichkeiten

Tatsache ist, dass viele Wildkräuter einen wesentlich höheren Nährwert und mehr Vitamine als kultivierte Gemüse haben und noch dazu gesundheitsfördernde Substanzen enthalten. So genannte Kulturpflanzen wie Kopfsalat, Gurken, Tomaten kommen da bei weitem schlechter weg. In punkto Vitamine, Inhaltsstoffe, Geschmack und Haltbarkeit sind Wildkräuter und Wildgemüse den meisten Kulturpflanzen haushoch überlegen. Was heute in den Supermärkten unter dem Begriff »Gemüse« angeboten wird, sind meist Kulturpflanzen, die in Monokulturen angebaut, mit Kunstdün-

6

ger und hochgiftigen Pflanzenschutzmitteln gezogen werden, lange Transportwege hinter sich haben und oft noch unreif geerntet werden. Welche Kraft muss dagegen in Wildkräutern und Wildgemüsen stecken? Die kämpfen sich Tag für Tag in der freien Natur durch, haben sich ihren Standort und ihren Boden selbst ausgesucht und sich auch noch gegen »Mitbewerber« auf ihrem Fleckchen Erde durchgesetzt. Die Brennnessel enthält beispielsweise im Vergleich zu Kopfsalat das 30fache an Vitamin C, das 20fache an Provitamin A, das 14fache an Kalzium, das 25fache an Magnesium und das 50fache an Eisen! Ernten können Sie die Brennnessel fast ganzjährig – vom Frühjahr bis in den späten Herbst.

Wildpflanzen sicher bestimmen

Selbstverständlich sollten Sie genau wissen, was Sie da in Wald und Wiesen so alles sammeln, denn ein falscher Griff kann unangenehme Folgen haben. Hier gilt das Gleiche wie beim Pilzesammeln: Sie müssen die Pflanze kennen. Wer beispielsweise den Bärlauch mit Maiglöckchen verwechselt, braucht sich nicht zu wundern, wenn er in der Intensivstation eines Krankenhauses aufwacht. Es kommt darauf an, alle Sinne beim Sammeln einzusetzen: Riechen Sie an der zwischen den Fingern verriebenen Pflanze, und machen Sie einen Geschmackstest, in dem Sie kurz auf Blätter oder Blüten beißen. Beachten Sie die Regel: Was Sie nicht genau kennen, sollten Sie stehen lassen! Manche essbare und wohlschmeckende Wildpflanzen sind selten und stehen unter Naturschutz. Hier gilt: Bitte nicht abernten! Ein Beispiel dafür ist die Schlüsselblume.

Gourmetküche aus wilden Gewächsen

Die Brennnessel gehört neben dem Giersch und dem Löwenzahn zu den Stars der Wildpflanzenküche und erobert sich mittlerweile in Restaurants ihren Platz. Aber auch Spitz- und Breitwegerich, Melde und Gundermann sind geschmacklich beachtenswert. Die Rezepte und die Tipps in diesem Buch zeigen Ihnen, wie vielseitig Wildgemüse schmecken kann. Das hat nichts mit der 68er-Körnergeneration und militanten Vegetariern zu tun: Schlemmen ist hier das Ziel, und wer gern selbst kocht oder Hobbygärtner ist, wird seine helle Freude daran haben, was die Natur so alles zu bieten hat.

Neben den in diesem Buch vorgestellten Pflanzen gibt es natürlich noch weitere essbare Wildkräuter und Wildgemüse. Sie sind aber seltener und sollten daher nicht in rauen Mengen geerntet werden. Generell gilt: Naturschutz geht vor Sammelleidenschaft!

Unerschöpfliche Wildpflanzenvielfalt

Löwenzahn, Brennnessel, Breitwegerich oder Holunder kennt so ziemlich jeder von uns. Aber wie sieht es aus mit Vogelmiere oder Hirtentäschel? Sie glauben gar nicht, was alles so links und rechts am Wegesrand oder neben den Kulturpflanzen im Garten wächst. Wer sein Pflanzenwissen aufbessern möchte, der sollte einmal an einer Kräuterwanderung teilnehmen. In größeren Städten werden regelmäßig solche Exkursionen angeboten, und die meisten Teilnehmer kommen dabei ins Staunen darüber, welche wilden Pflanzen es gibt, wozu sie nutzbar sind und wie interessant sie schmecken. Wegwarte, Wilde Möhre, Gundermann, Taubnessel, Schafgarbe und Bärenklau laden hier zu einer Kostprobe ein: roh und direkt an Ort und Stelle verzehrt sind sie ein Hochgenuss. Probieren Sie junge Lindenblätter frisch vom Baum: Sie sind nicht nur gesund, sondern ihr Aroma wird Ihnen auch unvergesslich bleiben. Oder probieren Sie Blüten von Löwenzahn, Schafgarbe, Gänseblümchen oder Huflattich. Sie werden erstaunt sein, dass es ganz neue, ungewöhnliche Geschmacksrichtungen gibt, die Ihre Zunge noch nie gespürt hat.

Heilende Unkräuter

Es gibt das Sprichwort: Dagegen ist kein Kraut gewachsen. Damit will man zum Ausdruck bringen, dass nichts mehr hilft. In der Natur jedoch sieht die Sache anders aus: Es ist tatsächlich fast gegen alles ein Kraut gewachsen, wenn man den gesundheitlichen Aspekt berücksichtigt. Jede essbare Wildpflanze hat auch einen Heilwert. Natürlich können die heilsamen Wildkräuter nicht die Erkenntnisse der Schulmedizin übertrumpfen, aber unterstützend sind sie in jedem Fall. Wer kennt nicht die lindernde Wirkung eines heißen Kamillentees, wenn der Magen rebelliert?
Sepp Ott, ein bekannter Münchner Wildkräuterführer, sagte bei einer seiner Exkursionen: »Alles, was bitter schmeckt, ist gesund für den Menschen.« Natürlich hat er damit seine Wildpflanzen gemeint und nicht Arsen. Generell gilt: Bitterstoffe in Wildpflanzen stärken die Bauchspeicheldrüse, den Magen und den Darm.

Schadstoffarme Fundorte

Natürlich fragen Sie sich, wo Sie die guten Sachen alle finden, wenn Sie keinen eigenen Garten haben oder wenn Sie sich auf die Suche machen, Neues zu entdecken. Die Frage ist einfach beantwortet: an allen Wiesenrändern, Bachufern, Hecken, Schutthalden, Waldrändern und vor allem an S-Bahn-Dämmen. Wer sich jetzt darüber wundert: S-Bahnen fahren in der Regel mit elektrischem Strom, und daher ist die Umgebung auch sauber. Solche Bahndämme sind die reinsten Biotope, denn in das Gestrüpp verirrt sich auch kein Hund. Die wickeln ihr Geschäft meist direkt neben den Wegen ab. Deshalb kann man dort gefahrlos alles ernten, was höher wächst als Hunde groß sind! Meiden sollten Sie die Nähe von gespritzten Feldern, befahrenen Straßen und Weinbergen. Im Wald kann man dagegen unbesorgt pflücken, was an Essbarem wächst. Auch hier verhält es sich so wie beim Pilzesammeln: Merken Sie sich die Fundstellen.

Wie man Wildpflanzen sammelt

Alle Rezepte in diesem Buch lassen sich für unterschiedliche Wildkräuter verwenden. Wählen Sie aus den hier vorgestellten Pflanzen aus, was Ihnen am meisten zusagt: Ihrer Experimentierfreude sind dabei keine Grenzen gesetzt.

Nutzen Sie Spaziergänge, um neue Wildpflanzen zu entdecken, zu bestimmen und gezielt Ihrer Küche zu verwenden. Sinnvoll ist es, wenn Sie sich etwas zum Schreiben mitzunehmen, um wichtige Fundstellen zu notieren. Wenn Sie zum Sammeln gehen, sollten Sie auch ein kleines Messer, eine Schere, ein Körbchen, einen »Unkrautstecher« und Bindedraht dabeihaben. Wichtig: Lassen Sie auf jeden Fall bei der Ernte etwas von den Blättern stehen, denn die Pflanze kann sich dadurch regenerieren und neue Blüten austreiben. Graben Sie auf keinen Fall die Wurzeln aus, denn damit ist die Pflanze in den meisten Fällen vernichtet. Und noch etwas: Reißen Sie nicht zu viele Pflanzen pro Fundort ab. Wenn Sie die Auswahl haben, nehmen Sie die jungen Pflanzen, bei den älteren Pflanzen nur die Triebe und die Herzblätter.

Der richtige Zeitpunkt für das Sammeln

Die beste Sammelzeit ist vormittags, wenn der Tau verschwunden ist. Allerdings sind die meisten Menschen um diese Zeit im Büro bei der Arbeit. Also bleiben in der Regel nur die Wochenenden für das Sammeln. Wenn Sie die Wildkräuter sofort in der Küche verwenden wollen, können Sie auch bei Regen sammeln.

Die bekanntesten Wildpflanzen

Natürlich kann in diesem Buch nur eine Auswahl der heimischen Wildgemüse und Wildkräuter vorgestellt werden, und diese ist dazu noch eine subjektive Auswahl des Autors. Wollen Sie alle bekannten Wildkräuter und Wildpflanzen ausprobieren, werden sicher Jahre vergehen. Aber das ist das Schöne an einem Hobby: Man kann nie genug haben. Hat Sie die Begeisterung für Wildpflanzen gepackt, können Sie auch das Internet nutzen, um mit anderen Wildpflanzenfans Erfahrungen auszutauschen. Mittlerweile gibt es im Netz zahlreiche Foren rund ums Kochen, und so manches Rezept mit Wildpflanzen hat hier schon den Besitzer gewechselt (Seite 142).

Pflanzenwissen als Basis

Dieses Buch gliedert sich auf praktische Weise in zwei Abschnitte. Im ersten Teil finden Sie Kurzportraits der wichtigsten essbaren Wildpflanzen mit Angaben zu Fundorten, Blüte- und Sammelzeiten, der medizinischen Wirkung und ihrer Verwendung in der Küche. Wie Sie aus diesen Wildkräutern wunderbare Gerichte zaubern, erfahren Sie im zweiten Teil ab Seite 60, in dem die besten Rezepte aus meiner Wildkräuterküche zusammengestellt sind.

Bärlauch kann man schon von weitem an seinem intensiven Knoblauchgeruch erkennen. Er wird wie Knoblauch zum Würzen verwendet, hat aber den großen Vorteil, dass man nach Genuss von bärlauchhaltigen Speisen nicht nach Knoblauch riecht.

Ackerminze → Minze Seite 37

Ackerschachtelhalm → Zinnkraut Seite 55

Bärlauch *(Allium Ursinum)*

Diese Pflanze wächst an schattigen, feuchten Standorten in Wäldern – am liebsten Buchenwäldern – mit humusreichem Boden. Sie wird bis zu 50 Zentimeter hoch. Zwischen zwei Blättern kommt die Blüte hervor, die weiß ist und eine Scheindolde besitzt. Zerreibt man die Blätter zwischen den Fingern, riecht es intensiv nach Knoblauch. Solange die Blüte des Bärlauchs nicht zu sehen ist, sieht Bärlauch aus wie das giftige Maiglöckchen, und deshalb ist Vorsicht beim Sammeln angesagt: Der Knoblauchgeruch gibt Sicherheit.

● **Fundorte** Feuchte Wälder, Gebüsche, Parkanlagen, an Bächen.
● **Blütezeit** Mai bis Juni.
● **Sammelzeit** Das ganze Jahr über, die beste Zeit ist aber von April bis Juni.
● **Medizinische Wirkung** Alles, was über den Knoblauch gesagt wird, gilt auch für die Wirkung und Anwendung des Bärlauchs. Er hilft bei Magen- und Darmstörungen, Appetitlosigkeit und lindert Schwächezustände.
● **Verwendung in der Küche** Das frische Bärlauchkraut wird zum Würzen von Suppen (Seiten 73, 75), Eintöpfen (Seiten 62, 80) Gemüsen (Seite 93) und vielem mehr (vgl. Seiten 106, 135) verwendet. Er kann aber auch zu einer kompletten Gemüsemahlzeit gekocht werden (Seiten 62f., 80, 85, 99). Als Bestandteil von Frühlingssalaten (Seite 63) ist Bärlauch nicht wegzudenken, denn er verleiht ihnen eine würzig-pikante Note. Man kann, wenn man Fundorte kennt, an denen sehr viel Bärlauch wächst, auch die Wurzel verwenden, die aussieht wie eine längliche weiße Zwiebel. Der Geschmack der Bärlauchwurzel ist ausgesprochen intensiv und erinnert noch mehr an den Knoblauch als die Blätter.

Baumtropfen → Giersch Seite 22ff.

Beifuß *(Artemisia campestris)*

Beifuß ist der Bruder des Wermuts. Im Mittelalter steckte man sich Zweige an die Kleider, um sich vor Hexen zu schützen. Beifuß ist eine ausdauernde, wild wachsende Pflanze und in ganz Europa und im nördlichen Asien beheimatet. Oft wird Beifuß bis zu zwei Meter hoch. Die Stängel sind rötlich, die Blätter oben dunkelgrün und glatt, an der Unterseite weiß gefilzt. Im oberen Teil der Pflanze befinden sich lange Rispen mit roten oder gelblichen Blütenkörbchen.
● **Fundorte** Auf Schuttplätzen, an Wegrändern und Flussufern oder im Gebüsch unter Sträuchern und Bäumen.
● **Blütezeit** Juli bis August.
● **Sammelzeit** Beifuß sammelt man von Juli bis August, solange die Blüten noch geschlossen sind. Die Wurzeln werden im September und Oktober ausgegraben. Für die Küche wird das gesamte Kraut gesammelt.

Schweine- oder Gänseschmalz wird durch Zusatz von Beifußblättchen bekömmlicher und erhält einen leicht salzigen Geschmack.

● **Medizinische Wirkung** Als Tee angewendet hilft Beifuß bei Magen- und Darmstörungen, Mundgeruch und Durchfall.

● **Verwendung in der Küche** In der Küche setzt man die frischen und getrockneten Blüten und die kleinen Blätter ein. Der Geschmack erinnert etwas an Wacholder. Da der Beifuß die Verdauung fetter Speisen fördert, wird er vor allem für Gänsebraten, Hammelfleisch und Ente als Gewürzmittel verwendet. Er passt auch gut zu Eintöpfen, Kartoffelsuppen und Fleischbrühe, aber auch Salat (Seite 66). Sein Aroma entfaltet er in der Regel erst beim Kochen oder Braten – außer beim Aromatisieren von Essig (Seite 134). Man kann Beifußblätter sehr gut als Trockengewürz verwenden.

Beinwell *(Symphytum officinale)*

Beinwell war ein Allheilmittel der mittelalterlichen Ärzte. Wie der Name schon sagt: Beinwell deutet auf Heilkräfte bei gebrochenen Knochen hin. Besonderes Kennzeichen ist der bis zu 80 Zentimeter hohe vierkantige Stängel. Die Blätter sind rauhaarig.

● **Fundorte** Beinwell wächst an Ufern, feuchten Wiesen, in Gräben, in Auwäldern oder auf Schuttplätzen. Erntet man ihn an Feldrändern, muss man aufpassen, dass das Feld nicht gespritzt ist.

● **Blütezeit** Die Blütezeit liegt zwischen Mai und Juli, wobei die Blüten je nach Standort violett-rosa oder gelblich sein können.

● **Sammelzeit** Frühling bis Herbst. In dieser Zeit gräbt man auch die Wurzelstöcke aus, um sie für medizinische Zwecke zu trocknen.

● **Medizinische Wirkung** Schon Hildegard von Bingen und Paracelsus benutzten Beinwell zur Heilung von Knochenschäden, Wunden und Geschwüren. Man führt diese Heilwirkung vor allem auf den hohen Gehalt an Allantoin zurück. Diese Substanz löst Wundsekrete und Eiter auf.

● **Verwendung in der Küche** Was die wenigsten wissen: Beinwell hat ein ausgezeichnetes Aroma und ist ein ideales Küchengewürz. Beinwell hat gewisse Ähnlichkeit mit Borretsch, dem Gurkenkraut, das ebenfalls haarig ist. Wie Borretsch verwendet man den Beinwell als Würze für Salate und Gemüsespeisen (Seiten 96, 107). Beinwellblätter lassen sich hervorragend zum Würzen von Säften, Teigwaren und Omeletts einsetzen. Die Wurzeln schmecken vor allem gedünstet. Das Ausgraben der Wurzeln ist allerdings eine mühsame Sache und lohnt sich meistens nicht.

Allzuviel ist ungesund! Verwenden Sie Beinwell nur in kleinen Dosen, denn er enthält giftige Pyrrolizidinalkaloide – wenn auch in sehr geringer Menge.

Berberitze oder Sauer-
dorn wächst wild in
Hecken, an Waldrändern,
in Auenwäldern, Laub-
und Kiefernwäldern. Die
Beeren der Berberitze
kann man zu einem
schmackhaften Kuchen-
mehl verarbeiten.

Berberitze *(Berberis vulgaris)*

Der bis zu zweieinhalb Meter hohe, stachelige Strauch ist auch unter dem Namen Sauer- oder Essigdorn bekannt. In der Küche werden nur die Beeren verwendet, in der Heilkunde auch die Rinde und die Wurzeln. Die Berberitze wird gern als Zierstrauch in Vorgärten gepflanzt, um Hunde von ihrem Geschäft abzuhalten.

● **Fundorte** Berberitze bevorzugt kalkhaltige, steinige Böden und wächst am liebsten an Waldrändern und Hängen.

● **Blütezeit** Von Mai bis Mitte Juli kommen die goldgelben Blütentrauben hervor, woraus sich später die roten Beeren entwickeln.

● **Sammelzeit** Ab August bis zu den ersten Nachtfrösten werden die Wurzeln oder die Rinde geerntet, allerdings nur für medizinische Zwecke. Ende Oktober sammelt man die Beeren. Sofern sie zum Trocknen bestimmt sind, sollten sie noch vor der vollständigen Reife geerntet werden. Auf jeden Fall wird die ganze Fruchttraube abgeschnitten. Das Ernten der Wurzel und der Rinde verlangt einige Sachkenntnis. Man sollte davon lieber die Finger lassen.

● **Medizinische Wirkung** Bei Appetitlosigkeit, Verstopfung, Entzündungen, Fieber. Rinde und Wurzel helfen bei Leber- und Gallenbeschwerden; die Beeren regen Milz- und Bauchspeicheldrüse an.

● **Verwendung in der Küche** Aus den Beeren lassen sich Säfte, Marmeladen, Gelees (Seite 122) und Mixgetränke herstellen. Zu Kompott oder Mus gekocht, schmecken sie zu hellem Fleisch.

Blutkraut → Hirtentäschel Seite 27

Brennnessel *(Urtica dioica)*

Diese Nesselart wird als das klassische Unkraut betrachtet, das auch noch unangenehm »brennt«, wenn man es berührt. Dabei ist die Brennnessel eine wertvolle Speisepflanze, wie man anhand der Rezepte sehen kann. Ihre Blätter schmecken roh und gekocht sehr würzig, aromatisch und leicht säuerlich. Die Brennnessel ist zudem ein großer Vitamin-C-Lieferant und enthält das gefäßerweiternde Histamin sowie Lezithin und Kieselsäure.

● **Fundorte** In Gärten, an Zäunen, auf Geröll- und Schutthalden, an Wegen und Straßen, überall dort, wo Menschen sesshaft sind.

● **Blütezeit** Juli bis Oktober.

● **Sammelzeit** Am besten schmecken die Blätter von März bis Mai, man kann sie aber bis spät in den Herbst hinein nutzen. Man erntet am besten die ganze Pflanze und sortiert erst zu Hause die schönsten Blätter aus. Auf jeden Fall sollte man Gartenhandschuhe oder Gummihandschuhe anziehen und an den Armen geschlossene Kleidung tragen. Während der Blütezeit kann man die Blüten für einen Ansatzschnaps oder Likör sammeln.

● **Medizinische Wirkung** Die Brennnessel wurde schon von den Ärzten des Mittelalters verwendet, und sie wird auch heute noch als kräftigendes Heilkraut geschätzt. Bei Magen- und Darmkatarrh, Diabetes, inneren Blutungen, Gicht, Rheuma und Wassersucht hilft vor allem der Tee. Man kann die Brennnessel auch selbst trocknen und Tee daraus herstellen.

● **Verwendung in der Küche** Von der Brennnessel werden überwiegend die zarten oberen Blätter und die Spitzen verwendet, für die Schnapsherstellung auch die Blütentrauben (Seite 131).

Vor dem Einsatz in der Küche überbrüht man die Blätter kurz mit heißem Wasser oder legt sie etwa zehn Minuten in kaltes Wasser.

Man kann die Brennnessel für viele Speisearten verwenden. Gesund ist aber vor allem ihr Saft, den Sie auch fix und fertig im Reformhaus kaufen können.

Um Brennnesselsaft selbst herzustellen kochen Sie einfach Brennnessel in Wasser und seihen die Blätter und Stängel ab; den Saft füllen Sie in Flaschen ab, die Sie kühl und dunkel lagern. Für die Vorratshaltung werden die Brennnesselblätter getrocknet.

Als Trockengewürz eignen sie sich vor allem für Fischspeisen und als Beigabe zu würzigen Quarkspeisen.

Seit einigen Jahren werden Brennnesselblätter in der feinen Gourmetküche sehr geschätzt, etwa als pikante Beigabe zu Schaf- und Ziegenfrischkäse.

Brombeere *(Rubus fruticosus)*

Zwar gibt es heute schon stachellose Züchtungen, aber der echte Brombeerstrauch wächst wild. Man nannte ihn früher auch »Mutter der Eichen«, weil junge Eichenbäume in seiner Umgebung besonders gut gedeihen. Der Strauch kann bis zu zwei Meter hoch werden und hat zartrosa Blüten. Verwendet werden die Beeren und Blätter. Im Garten zieht man die Brombeere an Drähten hoch. Die Sträucher vermehren sich, indem sich die Spitzen der Triebe nach unten erneut in den Boden bohren und von dort aus wieder hochwachsen. Die alten Triebe sterben ab, und nur die neuen tragen Früchte.

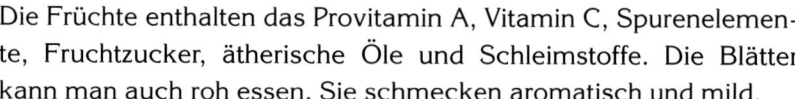

Die Früchte enthalten das Provitamin A, Vitamin C, Spurenelemente, Fruchtzucker, ätherische Öle und Schleimstoffe. Die Blätter kann man auch roh essen. Sie schmecken aromatisch und mild.

● **Fundorte** Brombeeren wachsen im Wald, am Wegesrand und in Waldlichtungen, an Zäunen und in Gebüschen.

● **Blütezeit** Die Blütezeit beginnt im Mai. Die Brombeere blüht aber bis in den September weiter, so dass an einem Stamm sowohl Blüten als auch Früchte zu finden sind.

● **Sammelzeit** Blätter von April bis Oktober, ab August bis in den September sammelt man die Beeren.

● **Medizinische Wirkung** Seit alters her dienen Beeren und Blätter zur Behandlung von Mundschleimhaut-Entzündungen. Hildegard von Bingen empfiehlt die Blätter bei heftigen Unterleibsblutungen. In diesem Fall sollte man sich aber sofort an einen Facharzt wenden.

● **Verwendung in der Küche** Die getrockneten Blätter ergeben einen guten Tee, vor allem, wenn man sie mit getrockneten Himbeerblättern mischt. Man kann die Blätter auch frisch aufbrühen. Die Beeren eignen sich für Süßspeisen, Marmeladen (Seite 125) und Obstkuchen, sowohl zum Mitbacken als auch zum Belegen (Seite 115f.). Man sollte sie allerdings durch ein Sieb passieren, weil die Kerne gerade in Marmelade sehr störend sind. Ungewaschene Brombeeren lassen sich sehr gut einfrieren.

Wer wilde Brombeeren im eigenen Garten kultivieren möchte, bricht im Wald die Spitze eines Zweiges ab und steckt ihn mit dem Pflanzenkopf in die Erde. Dort wurzelt die Brombeere erneut.

Brunnenkresse *(Nasturtium officinale)*

Die Brunnenkresse ist eine fast kahle, bis zu 50 Zentimeter hohe Pflanze, deren Stängel am Grund kriecht. Die Blüten sind weiß mit gelben Staubbeuteln und vierzählig. Brunnenkresse ist eine ausdauernde Pflanze, die die Feuchtigkeit sehr liebt, wie auch ihr Name verrät. Die Blätter der Brunnenkresse schmecken sehr scharf, ähnlich wie Rettich und ihre Schwester, die Kapuzinerkresse, deren Blätter und Blüten man ebenfalls roh essen kann.

● **Fundorte** Brunnenkresse liebt das Wasser. Sie wächst an Bächen, Quellen, Gräben und langsam fließenden Gewässern.

● **Blütezeit** Juni bis September.

● **Sammelzeit** Ab Frühjahr bis in den Sommer hinein das ganze Kraut

● **Medizinische Wirkung** Brunnenkresse fördert die Verdauung, ist appetitanregend, wirkt blutreinigend und ist reich an Vitamin C. Man sagt ihr auch fiebersenkende Wirkung nach.

Die reichlich enthaltenen Senföl-Glykoside machen die Brunnenkresse seit alters her zu einer wichtigen Heilpflanze. Ihre Einsatzgebiete sind Gicht, Nieren- und Blasenleiden sowie Vitaminmangel.

● **Verwendung in der Küche** Brunnenkresse ist für alle Frühlingssalate als scharfer Bestandteil geeignet und intensiver im Geschmack als die gezuckerte Kresse, die man in Schälchen im Supermarkt kaufen kann. Brunnenkresse eignet sich außerdem als Gewürz für würzige Quark- und Frischkäsemischungen (Seite 61).

Burzelkraut → Portulak Seite 38f.

Distel *(Cirsium vulgare)*

Die Distel, von der es viele unterschiedliche Arten gibt, kann bis zu zwei Meter hoch werden und ist eine bekanntlich stachelige Pflanze. Sie hat eine spindelförmige Wurzel, die sich auch in kargen Böden tief eingraben kann. Man findet sie in ganz Europa. Die Eselsdistel ist die häufigste Vertreterin und hat violette Blüten.

● **Fundorte** An Wegrändern, auf Schutthalden, überall dort, wo die Landschaft unwirtlich erscheint. An Feldrändern vermehrt sie sich sehr stark. Bei der Ernte von Disteln sollten Sie darauf achten, ob das Feld, an dem die Pflanze wächst, gespritzt wird.

● **Blütezeit** Juli bis August.

● **Sammelzeit** Blätter und Sprossen der Distel kann man vor der Blüte ernten und mit einem Messer von den Stacheln befreien. Generell gilt bei »Begegnungen« mit Disteln: Feste Gartenhandschuhe bei der Ernte verwenden, da die Stacheln in der Haut leicht abbrechen und Entzündungen hervorrufen können.

● **Medizinische Wirkung** In der Volksmedizin verwendet man Distelsaft oder Disteltee gegen Husten und Gallenbeschwerden.

● **Verwendung in der Küche** Die von den Stacheln befreiten Blätter der Distel schmecken erstaunlich mild und süßlich, fast wie Artischocken. Wichtig für die Verwendung der Distel in der Wildkräuterküche: Die Blätter erntet man bereits vor der Blüte, solange sie noch jung und zart sind. Sie sind reine Rohkost, die zum Sattwerden kaum ausreicht. Aber probieren sollten Sie die aromatischen Distelblätter auf jeden Fall einmal – als Zugabe in einem Wildkräutersalat. Wer kann schließlich schon erzählen, wie Disteln schmecken?

Wilde Disteln in der Küche zu verwenden erscheint vielleicht etwas ungewöhnlich. Eine distelähnliche Pflanze ist jedoch seit der Antike ein äußerst beliebtes Gemüse – die Artischocke.

Dornenrebe → Gundermann Seite 24f.

Dost/Majoran/Oregano *(Origanum vulgare)*

Dost ist ein wilder Bruder des Majoran und in ganz Europa und Asien zu Hause. Er hat 30 bis 50 Zentimeter hohe, braunrot gefärbte Stängel mit purpurroten Doldenrispen. Sein würzig scharfes Aroma erinnert etwas an Minze. In Italien ist der Majoran als Oregano bekannt und ein beliebtes Pizza- und Pastagewürz.

● **Fundorte** Dost und Majoran gedeihen besonders gut an sonnigen, trockenen Plätzen, etwa im Gebüsch und an Hängen, bevorzugt auf Kalk- und Kiesböden.

● **Blütezeit** Juli bis September.

● **Sammelzeit** Die feinen Blättchen können das ganze Jahr über geerntet werden, wenn Sie das Gewürzkraut in einem Topf auf der sonnigen Fensterbank wachsen lassen.

Die beste Zeit für die Ernte im Freiland ist von Mitte Juli bis September, also während der gesamten Blühperiode des Dost, denn dann ist das Aroma der Wildpflanze am würzigsten.

● **Medizinische Wirkung** Aus den getrockneten Blättern kann man einen Tee bereiten, der bei Husten sowie Magen- und Darmerkrankungen hilft. Auch Leber- und Milzbeschwerden hat man in der Volksheilkunde mit diesem Tee behandelt.

● **Verwendung in der Küche** Ein typisches Gewürz der italienischen Küche, das sich hervorragend mit Tomaten, Paprika, Auberginen und Zucchini versteht. Die Gewürzpflanze harmoniert besonders gut mit Thymian, Basilikum, Rosmarin und Knoblauch.

Das frisch geerntete oder getrocknete Kraut wird etwa 15 Minuten vor Ende der Kochzeit zugegeben. Auch bei allen fetten Speisen ist sie willkommen. Eine besondere Note verleiht sie auch Bratkartoffeln, und ist in einer kräftigen Kartoffelsuppe einfach unentbehrlich.

Dost stammt ursprünglich aus Vorderindien und Kleinasien. Über die Gewürzgärten der Benediktinermönche gelangte er im Mittelalter nach Europa.

Eberesche → Vogelbeere Seite 48f.

Erdefeu → Gundermann Seite 24f.

Essigdorn → Berberitze Seite 14

Estragon *(Artemisia dracunculus)*

Estragon gehört zur Familie der Korbblütler und ist eine sehr anspruchslose Pflanze. Schon im 8. Jahrhundert brachten die Mauren aus Nordwestafrika den Estragon nach Europa, wo er sich bald weit verbreitete. Ursprünglich schätzte man die Pflanze ihrer magischen Fähigkeit wegen. Wer Estragon bei sich trug, der wurde vor Schlangen und Drachen geschützt. Daher kommt auch der Name des Estragons: Er ist abgeleitet von »Dragon«, Drachen.

Die Pflanze ist mit dem Beifuß (Seite 12) und dem Wermut verwandt und erreicht oft eine Höhe von etwa eineinhalb Metern.

Französischer Estragon und deutscher Estragon besitzen ein zartes, frisches Aroma, das entfernt an Waldmeister und Anis erinnert. Russischer Estragon dagegen schmeckt herber, die etwas älteren Blätter sogar leicht bitter.

● **Fundorte** Estragon ist eine Gartenpflanze, die einen sonnigen bis halbschattigen Standort liebt.

● **Blütezeit** Estragon blüht im Juni mit gelben Blüten.

● **Sammelzeit** Vom Sommer bis in den Herbst.

● **Medizinische Wirkung** Die Blätter als Teeaufguss wirken harntreibend und verhindern Darmgärungen. In der Volksmedizin soll ein frisches Blatt Estragon gekaut, Schluckauf beseitigen.

● **Verwendung in der Küche** Estragon ist eine typische Würzpflanze. Sie verfeinert Saucen zu hellem Fleisch, gehört unbedingt in die Sauce Béarnaise, zu kurz angebratenem Fleisch, in frische Kräuterbutter und in Remoulade. Estragon passt hervorragend zu gekochtem Fisch, Kopfsalat und geschmorten Gurken. Mit Omeletts und anderen Eierspeisen harmoniert er gut.

In größeren Mengen verträgt sich Estragon eigentlich als Würzmittel nur mit Pfeffer und Salz, weshalb er auch sehr sparsam eingesetzt werden sollte.

Wunderbar schmeckt er in Form von Essig (Seite 134), wenn er dort eingelegt etwa zwei Wochen gestanden hat. Man kann ihn auch in ein Glas einlegen und mit Salzwasser übergießen. Bleibt das Glas gut verschlossen, hält sich der pikant-würzige Estragonsud, der sich hervorragend als Salatdressing verwenden lässt, über ein Jahr lang. Auch in Öl entfaltet die Würzpflanze ihre Wirkung.

Die Estragonblättchen sollten Sie erst kurz vor der Verwendung ernten, denn sie welken sehr schnell.

Estragon bleibt länger aromatisch, wenn die Blütenknospen noch vor der Blüte abgezwickt werden.

Feldkümmel → Thymian Seite 46f.

Felsenbirne *(Amelanchier ovalis)*

Die Felsenbirne ist ein reich verzweigter Strauch mit rundlicher Krone, der im Frühjahr mit seinen weißen Blüten wie mit Schnee bedeckt aussieht. Meist wird er als Zierstrauch in Vorgärten gehalten. Was viele nicht wissen: Die Früchte sind essbar und können wie Heidelbeeren verarbeitet werden. Verbreitet wird die Pflanze von Vögeln, für die die Felsenbirne ein ganz besonderer Leckerbissen ist. Wenn dieser Strauch im Herbst kräftig zurückgeschnitten wird, trägt er im nächsten Jahr besonders viele Früchte.

● **Fundorte** Man kann die Felsenbirne im eigenen Garten als Zierstrauch ziehen, sie wächst aber auch in öffentlichen Parks.

● **Blütezeit** April bis Mai.

● **Sammelzeit** Die Beeren werden ab Juli geerntet.

● **Medizinische Wirkung** Die Beeren der Felsenbirne besitzen einen sehr hohen Vitamin-C-Gehalt.

● **Verwendung in der Küche** Aus der Felsenbirne können Sie Sirup herstellen (Seite 121), sie zu geschmackvollen Kompotten und Marmeladen, Datschi und Torte verarbeiten.

Auch für einen Ansatz als Schnaps ist die Felsenbirne sehr gut geeignet (Seite 127). Der Geschmack dieses magenfreundlichen Verdauungsschnapses aus Felsenbirne ist leicht bitter.

Frauenmantel *(Alchemilla vulgaris)*

Der Name des Frauenmantels kommt von seinem Einsatz in der Volksheilkunde bei der Linderung von Frauenbeschwerden. Er ist eine bis 30 Zentimeter hohe behaarte Pflanze mit grundständigen Blättern und gelben kleinen Blüten. Das Besondere an diesem Gewächs: Auch wenn es nicht geregnet hat, findet man in den Blättern kleine Tropfen, die von der Pflanze selbst erzeugt werden. Frauenmantel ist ein sehr wohlschmeckendes Wildgemüse.

Gewöhnlicher Frauenmantel gehört wie die Pimpinelle (Seite 54f.) zu den Rosengewächsen (Rosaceae) und hat einen ungewöhnlichen Geschmack.

● **Fundorte** In Gebüschen, lichten Wäldern, auf Wiesen und an Wegrändern; Frauenmantel wächst oft in großen Kolonien.

● **Blütezeit** Mai bis August.

● **Sammelzeit** Im Frühjahr und Sommer das ganze Kraut.

● **Medizinische Wirkung** Als Tee gebraucht man Frauenmantel bei Beschwerden in den Wechseljahren und bei zu starken, schmerzhaften Monatsblutungen (zwei Tassen täglich). Früher wurde er zur Beseitigung von Hautunreinheiten bei jungen Mädchen angewendet.

● **Verwendung in der Küche** Für alle Arten von Wildgemüsen und Wildkräutersalaten. Er hat einen unverwechselbaren Geschmack, der mit keiner anderen Pflanzenart vergleichbar ist.

Gänseblümchen *(Bellis perennis)*

Wie Gänseblümchen aussehen, braucht man eigentlich nicht zu beschreiben. Neben der »Pusteblume«, dem Löwenzahn, sind sie eine der ersten Blumen, die auch kleine Kinder schon kennen. Bei Sonnenschein sind die Blüten weit geöffnet und in der Dämmerung, aber auch bei Regen, schließen sie sich. Für Freunde des englischen Rasens sind sie ein Ärgernis, für Freunde der Natur ein liebenswerter Anblick. Und: Man kann sie essen! Was viele nicht wissen: Die weißen Blättchen sind nicht die Blüte, sondern nur das innere Gelbe: Die weißen Blättchen bezeichnet man als Körbchen.

● **Fundorte** Gänseblümchen wachsen im Rasen, auf Wiesen, an Wegesrändern und auf Waldlichtungen.

● **Blütezeit** Von Februar bis November.

● **Sammelzeit** Im Frühjahr, vor allem die Blätter und Blüten.

● **Medizinische Wirkung** In der Volksmedizin wird das Gänseblümchen als Magen-, Galle- und Lebermittel eingesetzt; aber auch in Form von Tee zur Blutreinigung.

Gänseblümchen sind eine hübsche Garnitur für Salate, belegte Brote oder, in kandierter Form, für Kuchen und Torten.

HEILENDER GÄNSEBLÜMCHENTEE

2 TL Blüten und Blätter • 1 l kochendes Wasser

Blüten der Gänseblümchen mit kochendem Wasser übergießen. Der Tee aus Gänseblümchen lassen sich auch Umschläge auf schlecht heilende Wunden und zum Betupfen von Hautausschlägen (auch in Kombination mit Stiefmütterchen) bereiten.

● **Verwendung in der Küche** Gänseblümchen sind eine stoffwechselanregende Zutat zu allen Salaten und Gemüsen. Man kann sie fein gehackt unter Suppen, Eintöpfe und Frischkäse mengen und vor allem als effektvolle Dekoration verwenden (Seiten 61 und 63). Die Knospen der Pflanze sind in Essig eingelegt eine Beilage, die ähnlich wie Kapern schmeckt (Seite 135).

Gänsefingerkraut *(Potentilla anserina)*

Diese Pflanze wird insgesamt etwa 15 Zentimeter hoch und hat gelbe Blüten. Ihre Stängel liegen kriechend am Boden und Ihre rötlichen Ausläufer am Boden werden oft über einen Meter lang. Die Grundblätter sind etwa 20 Zentimeter lang und an der Unterseite weißfilzig behaart. Gänsefingerkraut und Kriechendes Fingerkraut sind Geschwister, wobei Letzteres in fast jedem Garten zu finden ist. Der Name dieser beiden Pflanzen bezieht sich auf die Blätter, die aussehen wie eine Hand mit Fingern.

● **Fundorte** Nährstoffreiche, feuchte Böden, auf Wiesen und an Feldrändern, an Ufern und auf Schuttplätzen.

● **Blütezeit** Mai bis August.

● **Sammelzeit** Von April bis Oktober. Man kann alle Teile der Pflanze verwenden, auch die langen Ausläufer.

● **Medizinische Wirkung** In der Volksmedizin setzt man den Tee bei Muskel- und Wadenkrämpfen, Menstruationsbeschwerden und Magenleiden ein. In der bäuerlichen Tiermedizin bereitet man daraus einen Heiltrank, wenn Wiederkäuer Magenverstimmung haben.

Gänsefingerkraut, das in fast ganz Europa bevorzugt auf Brachland wächst, verfeinert Salate, Suppen und Frischkäse oder wird als Gemüse zubereitet.

● **Verwendung in der Küche** Das Gänsefingerkraut schmeckt sehr würzig, und auf Spaziergängen können Sie die Blätter roh essen. Frische Blätter und Blüten sind eine Bereicherung für alle Salate, Frischkäsezubereitungen und Quarkspeisen. Fein gehackt gibt man das Kraut grob geschnitten auch in Suppen und Eintöpfe. Wenn Sie ergiebige Fundstellen kennen und das Sammeln nicht zu mühsam ist, lassen sich auch komplette Speisen aus Gänsefingerkraut zubereiten und die Pflanze wie normales Gemüse verwerten (Seiten 72, 82, 107). Es lassen sich auch Suppen daraus kochen, wenn man als Basis Gemüsebrühe oder klare Fleischbrühe nimmt.

Gänsekresse → Hirtentäschel Seite 27

Giersch/Geißfuß *(Aegopodium podagraria)*

Diese Pflanze hat noch viele andere Namen: Gichtkraut, Zipperleinskraut, Schwierkraut, Schattenblatt oder Baumtropfen. Egal, wie man es auch nennt: Dieses Kraut ist ein absoluter Hit in der Wildgemüseküche. Der Giersch wächst praktisch überall und verbreitet sich mit seinen unterirdischen Wurzeln in einer rasanten Ge-

schwindigkeit – sehr zum Missfallen von Liebhabern des »gepfleg-ten« Rasens, die ihn für ein Unkraut halten, dem man fast nicht bei-kommen kann. Er gewinnt gegen alle anderen Pflanzen, die sich in seiner Nähe aufhalten, und nimmt ihnen den Lebensraum. Alle Gar-tenbesitzer können davon ein Lied singen. Lange bevor es in unse-ren Breiten den Kulturspinat gab, hat man den Giersch als Gemüse genutzt. Im Mittelalter war er sogar die wichtigste Gemüsepflanze überhaupt. Sein Geschmack erinnert an Petersilie und Möhren.

Auch seine Heilkraft ist legendär. Der Name Zipperleinskraut oder Podagrakraut sagt schon, dass man damit früher die Gicht und rheumatische Krankheiten zu kurieren versuchte, also Störungen des Harnsäurehaushalts. Die Pflanze kann über einen Meter hoch werden und hat weiße Blüten.

● **Fundorte** Giersch wächst fast überall in Gärten, auf Wiesen, an Hecken, Wegrändern und Flussufern.

● **Blütezeit** Mai bis September.

● **Sammelzeit** April bis November.

● **Medizinische Wirkung** In der Volksmedizin hat man früher einen alkoholischen Auszug gegen Hautkrankheiten und Ekzeme ange-wendet, natürlich nur äußerlich! Salben auf Gierschbasis nutzte man zur Behandlung von Gicht und Rheuma.

● **Verwendung in der Küche** In der Küche ist Giersch für Suppen (Seiten 69ff., 73, 76) Salate und Gemüse (Seiten 66f., 80f., 92, 96, 99, 105, 107) zu verwenden und kann bei allen Rezepten eingesetzt werden, die man auch mit Spinat herstellen könnte. Da er so häufig ist, hat man in der Wildkräuterküche praktisch das ganze Jahr über einen Vorrat an leckerem Gemüse, ohne dass man sich als Garten-besitzer um Gießen oder Pflege kümmern müsste. Wenn man ihn abschneidet, wächst er in kurzer Zeit wieder kräftig nach. Roh schmecken am besten die frischen und jungen hellgrünen Triebe, die praktisch den ganzen Frühling und Sommer aus dem Boden wuchern. Die langen weißlichen Wurzeln werden getrocknet als Tee zubereitet, der ähnlich wie Schafgarbe oder Brennnesseltee schmeckt – also leicht bitter, aber aromatisch. Getrocknete und gerebelte Blätter sorgen für ein gesundes Würzkraut mit Petersilien-geschmack, das sich auch in der pflanzenlosen Zeit im Winter gut verwenden lässt. Einige Gierschblätter kann man unter Salate mi-schen, als Gemüse gedünstet schmeckt er sehr gut allein (Seite 81) oder in Kombination mit Brennnesseln oder Löwenzahn.

Die genussreichste Art, mit Giersch umzuge-hen: Einfach abschnei-den und ein köstliches Gemüse daraus zau-bern. Die Wurzeln, lan-ge verzweigte weiße »Schlangen«, kann man auch trocknen, rösten und daraus ein schmackhaftes Getränk brauen, das an Malz-kaffee erinnert.

Da der Geschmack des Giersch nicht allzu intensiv ist, verträgt er sich auch mit vielen anderen Gewürzen, die dann dem Gemüse ihren Stempel aufdrücken können, ohne dass der Eigengeschmack des Giersch übertönt wird.

Gundermann/Gundelrebe *(Glechoma hederacea)*

Der Gundermann ist wie der Giersch eine Pflanze mit vielen Namen: Dornenrebe, Erdefeu, Hexenkraut, Huder, Silberkraut oder Soldatenpetersilie sind nur eine kleine Auswahl aus der reichhaltigen Palette der geläufigen Bezeichnungen.

Der Gundermann ist ein Lippenblütler und wächst in fast jedem Garten wild. In den kleinen violetten Blüten glaubte man in früheren Zeiten das Gesicht einer Hexe zu sehen, was ihm auch den Beinamen Hexenkraut eingebracht hat. Der Gundermann gehörte zu den wichtigen magischen Kräuter bei den alten Germanen.

Erkennen kann man die Pflanze sehr leicht an ihrem Wuchs. Sie kriecht oft meterlang über den Boden und richtet sich dann bis zu 30 Zentimeter hoch auf. Bei Gärtnern ist der Gundermann ein äußerst unbeliebtes Kraut, denn er ist praktisch nicht auszurotten, weil er sich unterirdisch fortpflanzt.

Als Gewürzpflanze hat der Gundermann eine ganz besondere Geschmacksnote. Sein Aroma erinnert ein bisschen an das von Majoran oder Melisse. Die Wildpflanze enthält viele Vitamine, Öle, Harze und gesunde Bitterstoffe.

Der Gundermann ist nicht nur eine Heilpflanze, sondern besitzt auch magische Qualitäten, was ihm zu dem Namen Hexenkraut verholfen hat.

● **Fundorte** Gundermann wächst in allen Gärten, auf Wiesen und Weiden, aber auch in feuchten Laubwäldern und an Ufern. In Europa gedeiht er bis auf 1.600 Meter Höhe.

● **Blütezeit** Von März bis Juni.

● **Sammelzeit** Von März bis in den November. Die ganze Pflanze kann verwendet werden.

● **Medizinische Wirkung** Bereits in der Antike war die Heilkraft dieser Pflanze bekannt: Schon Aristoteles hielt große Stücke auf den Gundermann und empfahl ihn als geeignetes Mittel gegen Bronchitis und als Entzündungshemmer. Bei Appetitlosigkeit, Magenverstimmung, Gelbsucht, Galle-, Leber- und Nierenbeschwerden war er bei den alten Germanen im Einsatz. Bei Entzündungen im Mund- und Rachenraum verordnet man in der Volksmedizin einen Tee aus Gundermannblättern.

> ### ENTZÜNDUNGSHEMMENDER GUNDERMANNTEE
>
> *2 Zweige Gundermann • 1 l Wasser*
>
> Gundermannblätter mit kochendem Wasser überbrühen und etwa 5 Minuten ziehen lassen; abseihen und heiß trinken.

● **Verwendung in der Küche** Die frischen Blättchen des Gundermann eignen sich ausgezeichnet als Würze für Salate (Seiten 62, 65) als Suppeneinlage (Seiten 70f., 73, 76, 90) und schmecken besonders mit Kartoffeln (Seiten 86, 93). Man kann die Pflanze auch wie Spinat zubereiten und als Gemüse servieren (Seiten 79, 105). Fein gehackt passt er gut zu Eierspeisen (Seiten 79, 105). Generell kann er wie Petersilie verwendet werden (Seiten 82, 94, 100, 112). Auch in Quark, Joghurt und als Zgabe für Essig (Seite 135) bringt er ein interessantes Aroma ins Spiel.

Getrocknet verliert Gundermann sehr schnell seinen intensiven Geschmack, aber er behält sein Aroma, wenn er mit Salz in Berührung kommt. Deshalb kann man ein eigenes Gewürzsalz daraus herstellen, das ähnlich wie Selleriesalz verwendet wird. Junge, zarte Triebe lassen sich auch gut einfrieren: Die Blätter abwaschen, trocknen, fein hacken und portionsweise in kleine Gefrierdöschen geben.

Guter Heinrich *(Chenopodium bonus-henricus)*

Diese ausdauernde Pflanze ist sehr eng mit der Melde verwandt (Seite 52f.) und wird etwa 60 Zentimeter hoch. Der Stängel ist kahl und grün, braun oder rötlich, die sind Blätter tiefgrün und fleischig, die jungen Blätter an der Unterseite etwas mehlig und klebrig. Guter Heinrich schmeckt leicht nussig.

● **Fundorte** Gräben, Äcker, Schutthalden, Mauern, Zäune, Ödland und auf Baustellen von Neubauten.

● **Blütezeit** Juli bis Oktober.

● **Sammelzeit** Von April bis November. Im Frühjahr sammelt man das ganze Kraut, im Herbst nur die oberen zarten Blätter.

● **Medizinische Wirkung** In der Volksmedizin verwendet man den Guten Heinrich zur Zubereitung gegen chronische Hautkrankheiten, Gicht und Rheuma.

Guter Heinrich ist eines der vielen Wildspinatgemüse und in der Küche ganz ähnlich einzusetzen wie Giersch, Brennnessel oder Löwenzahn.

● **Verwendung in der Küche** Der Gute Heinrich ist wie Spinat zuzubereiten (Seite 87) und kann sehr gut als Suppenkraut verwendet werden (Seiten 75, 111). Entweder nimmt man das ganze Kraut, wenn es noch jung und zart ist, oder nur die schönsten Blätter. Guter Heinrich harmoniert wunderbar mit Liebstöckel.

Hagebutte

Hagebutten sind die Früchte der wilden Rose und aller anderen Rosenarten, die in vielen Gärten als Ziersträucher stehen – auch der Kartoffelrose. In Franken sagt man auch Hiffen, in Siebenbürgen Hetschepetsch dazu. Hagebutten leuchten im Herbst dunkelrot und enthalten kleine, behaarte Kernchen. Ältere Menschen kennen diese Kerne noch als »Juckpulver«, das man anderen Kindern gern in den Hemdkragen geworfen hat. Die Heckenrose, von der man die Hagebutten in der Natur gewinnt, hat roseefarbene Blüten und sehr stachelige Zweige. Die Blätter stehen zu fünft zusammen.

Hagebutten sind – auch als Marmelade – richtige Vitaminbomben. Dazu kommen wertvolle Mineralstoffe, Gerbstoffe und Zucker. In den Kernen steckt auch Vanillin. Das Sammeln und vor allem das Entkernen ist zwar mühsam, aber dafür ist Hagebuttenmark eine Köstlichkeit, nicht zuletzt als ideale Füllung für Faschingskrapfen.

Die Hagebutten für Tee trocknet man auf Rosten, Hagebutten für Brotaufstriche oder Kuchenfüllungen müssen vor dem Trocknen entkernt werden.

● **Fundorte** An Wegrändern, Bahndämmen, Waldrändern, an Böschungen und steinigen Hängen.

● **Blütezeit** Mai bis Juli.

● **Sammelzeit** September bis November.

● **Medizinische Wirkung** In der Volksmedizin hat die Hagebutte seit ewigen Zeiten einen festen Platz. Durch ihren hohen Vitamin-C-Gehalt wirkt sie unterstützend bei der Immunkörperbildung und steigert damit die Abwehrkräfte. Hagebutten haben eine nachgewiesene Wirkung auf die Nebennieren und damit auf die Bildung von Hormonen. Sie wirken auch leicht abführend.

● **Verwendung in der Küche** Frische Hagebutten lassen sich zu Suppen, Saucen und Mus verarbeiten, aber auch als Fruchtmark und Marmelade (Seite 123) entfalten sie ihren feinen Geschmack. Außerdem kann man aus ihnen Saft, Likör, Sekt und Wein zubereiten (Seite 127f.). Die Kerne kann man trocknen. Sie ergeben einen aromatischen Tee. Zum Tiefgefrieren werden die Früchte halbiert, entkernt und in Beuteln oder Behältern in die Truhe gegeben.

Hasenklee → Sauerklee Seite 44

Hexenkraut → Gundermann Seite 24f.

Hiffen → Hagebutten Seite 26

Himmelsbrot → Sauerklee Seite 44

Hirtentäschel *(Capsella bursa-pastoris)*

Seinen Namen hat das Hirtentäschelkraut von der Form seiner Samen, der typischen herzförmigen Taschenform, die früher von den Schafhirten benutzt wurden. Im Volksmund heißt die Pflanze auch Blutkraut, Gänsekresse oder Herzelkraut. Hirtentäschel ist ein weit verbreitetes Kraut, das man fast überall finden kann und das etwa 40 Zentimeter hoch wird.

In der Küche verwendet man nur die zarten Blätter, in der Volksheilkunde das ganze Kraut. Die Blätter schmecken etwas bitter, leicht salzig und ähnlich wie Kresse. Hirtentäschel ist eine typische kulturbegleitende Pflanze, sie wächst also überall dort, wo sich auch die Menschen angesiedelt haben. Die Pflanze gilt als Wetteranzeiger: Wenn das Hirtentäschelkraut wächst, kann man sicher sein, dass es keine Fröste mehr gibt.

- **Fundorte** Hirtentäschel ist überall zu finden, vorzugsweise auf Baustellen, Schutthalden und an Feldwegen.
- **Blütezeit** März bis November.
- **Sammelzeit** Blätter und Samen von Frühjahr bis Herbst.
- **Medizinische Wirkung** Als Tee gegen zu starke Monatsblutungen. Außerdem gilt Hirtentäschel als blutreinigend. Zusammen mit Zinnkraut hilft es bei Gicht und Rheuma.
- **Verwendung in der Küche** Während der gesamten Blütezeit, von März an, können die Blätter und die Samen frisch geerntet werden. Sie sind eine schmackhafte Beilage zu allen Salaten und wertvoller Bestandteil von Quark- und Frischkäsemischungen. Man kann Hirtentäschel sehr gut für Suppen und Eintöpfe (Seiten 76, 80) verwenden, und es passt auch hervorragend zu Eierspeisen. Die Samen kann man für Tee trocknen.

Ein Butterbrot, mit Blättern und Samen des Hirtentäschels bestreut, ist eine Alternative zu Schnittlauchbrot. Hirtentäschel passt geschmacklich auch sehr gut zu Radieschensalat.

Holunder *(Sambucus nigra)*

Dem Holunder begegnet man bei uns auf Schritt und Tritt: Er wächst praktisch überall wild und als Strauch in Gärten und Parks. Er gehört zur Familie der Geißblattgewächse. Aus den dünnen Ästen bastelten die Kinder früher Pfeil und Bogen, weil die Äste sehr biegsam sind. Er ist ein Star unter den Früchten, auch wenn sie nicht roh gegessen werden können. Dafür sind die Verwertungs-möglichkeiten umso vielfältiger. Auch seine gesundheitlichen Aspekte können sich sehen lassen. Aus Funden schließt man, dass die Holunderbeeren schon in prähistorischer Zeit verwendet wur-den. Auch bei den Griechen war der Holunder ein wichtiges Heilmit-tel. In Europa galt er sogar als heiliger Baum, und wer sich erdreis-tete, einen Holunderstrauch abzuhacken, konnte sich innerhalb von drei Tagen auf den Weg ins Jenseits machen. Auf Bauernhöfen galt der Holunder als Sitz der Hausgötter. Deshalb findet man ihn noch heute am Haus oder an den Ställen. Im Herbst zieht er die Vögel magisch an, die dann zur Verbreitung der Samen beitragen. Die Sämlinge gehen fast überall auf. Sowohl Blüten als auch Blätter, Beeren und Rinde werden genutzt.

● **Fundorte** In Gärten, Parks und Wäldern, innerhalb von Hecken.
● **Blütezeit** Juli bis August.
● **Sammelzeit** Die Blütendolden erntet man im Juli, die Blätter während der gesamten Vegetationszeit, die Früchte im September und Oktober, wenn sie tiefschwarz sind.
● **Medizinische Wirkung** Die Blütendolden gelten in Form von Tee als schweißtreibend und helfen gegen Erkältungskrankheiten. Zu-dem gilt der Blütentee als Blutreinigungsmittel und hilft bei Hautun-reinheiten und bei starkem Körpergeruch. Bei Rheuma und Gicht verwendet man Blüten, Blätter und Rinde. Die Volksheilkunde be-hauptet: Schabt man die Rinde von oben nach unten, wirkt sie als Abführmittel, schabt man sie von unten nach oben, als Brechmittel.
● **Verwendung in der Küche** Legendär sind die berühmten Holler-küchlein, in Fett und mit Teig herausgebackene Holunderblüten-dolden (Seite 113). Aus den Blüten kann man auch Sekt herstellen (Seite 129). Die Früchte verarbeitet man zu Sirup (Seite 124), Mus, Saft, Kompott, Marmelade (Seite 122) und Suppe (Seite 77), aber auch zu Wein, Schnaps und Likör (Seite 127f.).

Huder → Gundermann Seite 24f.

Huflattich *(Tussilago farfara)*

Die leuchtend gelben Blütenköpfchen, die noch dazu nach Honig riechen, sind die ersten Frühlingsboten wie Schneeglöckchen und Krokusse. Lange bevor die Blätter kommen, treibt der Huflattich seine Blütenstängel aus. Die Blätter sind handgroß, dunkelgrün und auf der Blattunterseite durch Behaarung weißfilzig. Huflattich findet man bis in Höhen von 2.600 Metern. Er ist also ein widerstandsfähiges Wildkraut, das auch noch durch seinen herzhaften Geschmack überzeugt. Huflattich kann vorwiegend als Gemüse verwertet werden, von der Verwendung im rohen Zustand nimmt man besser Abstand, abgesehen von den ganz jungen Blättchen als Salatbeigabe.

● **Fundorte** Die Pflanze bevorzugt lehmigen und tonigen Boden. Man findet Huflattich daher häufig auf Ödland, in der Nähe von Ziegeleien, auf Schuttplätzen, an Böschungen und Bahndämmen, aber auch an Wald- und Feldwegen.

● **Blütezeit** März bis April.

● **Sammelzeit** Blüten schon im März, von Mai bis Juli die Blätter.

● **Medizinische Wirkung** Huflattich gilt seit alters her als wichtige Heilpflanze für Bronchial- und Lungenleiden. Er wirkt hustenlindernd und hilft bei Verschleimung. Verwendet werden dazu die getrockneten Blüten und Blätter als Tee. Huflattich lindert auch Raucherhusten. Man sollte ihn allerdings nicht beständig trinken, weil er in großen Mengen die Leber schädigen kann. Morgens eine Tasse Tee wird als geeignete Dosierung empfohlen.

● **Verwendung in der Küche** Die großen Blätter machen den Huflattich zu einer idealen Gemüsegrundlage (Seiten 91, 99). Man kann die Blätter verwenden wie Spinat, und auch als Auflauf ist der Huflattich ein herzhaftes, vollwertiges Gericht (Seite 86).

Huflattich ist eine dankbare Sammelpflanze, denn seine Blätter sind groß und ergiebig, und er wächst bevorzugt »in Herden«. Kennzeichen: Ein oder mehrere Blätter haben einen weißen, filzigen Belag.

Johanniskraut *(Hypericum perforatum)*

Weder für Gemüse noch für Salate ist Johanniskraut zu verwenden, sondern es wird in erster Linie als Balsam für die Seele eingesetzt. Unbestritten ist wohl heute die Wirkung des Krauts als Depressionsstopper, legendär sein Ruf als Wundheiler in Form von Rotöl, das man auch leicht selbst herstellen kann (Seite 30).

Das Kraut mit den unverwechselbaren gelben Blüten kann man zweifelsfrei identifizieren, indem man eine Blüte zupft und in der Hand zerreibt: Die gelben Blüten färben sich blutig rot.

Darauf basieren auch die Mythen und Sagen rund um diese Pflanze, etwa der Name Blut Gottes. Rund um den Johannistag am 24. Juni sind die Blüten in voller Pracht. Von diesem Festtag hat das Kraut auch seinen Namen. In früheren Zeiten trugen Mädchen einen Kranz, der aus dem helben Johanniskraut gewunden war, wenn sie einem alten Brauch gemäß um das Johannisfeuer tanzten. In der Nacht wurden die Blüten ins Wasser geworfen, und die Jungfrauen erfuhren, wie es mit den Freiern im kommenden Jahr aussah.

Die Pflanze ist leicht zu bestimmen: Hält man die Blätter gegen das Licht, dann sieht es aus, als wären sie durchlöchert: Man erkennt helle, kleine Flecken. Daher auch die Bezeichnung »perforatum«.

● **Fundorte** An Bahndämmen, an Wegrändern, an Feldrainen, in lichten Wäldern und Gebüschen.

● **Blütezeit** Juni bis August.

● **Sammelzeit** Die Blüten, solange sie noch gelb sind (für Rotöl), die gesamte Pflanze zum Trocknen für Tee.

● **Medizinische Wirkung** Eine Tatsache ist wohl die Heilwirkung des Johanniskrauts: Probieren Sie bei Spaziergängen ruhig mal eine kleine Hand voll Blüten roh. Die Pflanze enthält in ihren Blättern spezielle Sekretbehälter mit ätherischen Ölen und Gerbstoffen. In der Volksmedizin wird sie schon immer gegen Verdauungsstörungen, Depressionen und als Wundmittel eingesetzt. Der Tee aus der getrockneten Pflanze beruhigt und hellt die Stimmung auf. Blüten mit Schnaps angesetzt helfen bei der Wunddesinfektion.

Achtung: Johanniskraut macht lichtempfindlich. Das heißt: Pralle Sonne und Bräunungsstudios meiden, wenn Sie viel Johanniskrauttee getrunken haben!

ROTÖL AUS JOHANNISKRAUT

Rotöl hilft gegen Wunden oder wunde Hautstellen. Rotöl stellt man folgendermaßen her: Eine Flasche mit Johanniskrautblüten locker füllen, Olivenöl darüber gießen, etwa sechs Wochen in die Sonne stellen, abseihen und durch ein paar Tropfen Rosenöl, Nelkenöl oder andere ätherische Öle mit Duft versehen

---

● **Verwendung in der Küche** Da Johanniskrautblüten einen nussigen Geschmack haben, kann man sie auch als essbare Dekoration und Blickfang über Salate streuen – zusammen mit Gänseblümchen ist das eine ungewöhnliche, hübsche Serviermethode.

Kamille *(Matricaria chamomilla)*

Jedes Kind, das einmal krank war, kennt Kamillentee und Zwieback. Zwar gibt es Kamillentee in jedem Supermarkt, aber selbst gepflückt und getrocknet hat diese Pflanze nicht nur eine weit stärkere Heilwirkung, sondern schmeckt auch noch viel intensiver.

Die Echte Kamille erkennt man leicht daran, das sie ihr typisches Aroma verströmt, wenn man die Blüte zwischen den Fingern zerreibt. Die Geruchlose Kamille meldet der Nase dagegen gar nichts und hat auch nicht die Wirkstoffe wie ihre Schwester. Die Echte Kamille hat außerdem einen innen hohlen Blütenboden.

● **Fundorte** Auf Äckern und Getreidefeldern, an Wegen, Schuttplätzen und auf Brachland.

● **Blütezeit** Von Mai bis August.

● **Sammelzeit** Die beste Sammelzeit ist zwischen Mai und August der dritte bis fünfte Tag nach dem Aufblühen.

● **Medizinische Wirkung** Magenverstimmungen mit Erbrechen lassen sich schnell lindern oder beseitigen, wenn man Kamillentee trinkt. Auch bei Kater eignet sich Kamillentee hervorragend.

● **Verwendung in der Küche** Kamillenblüten kann man roh essen. Auch hier entwickelt sich der typische Geschmack. Die Kamillenblüten eignen sich besonders gut für Süßspeisen. Honig und Sirup wird nach der auf Seite 121 beschriebenen Methode hergestellt und zum Süßen von Tees verwendet.

Kleine Braunelle *(Prunella vulgaris)*

Die Braunelle, die in fast jedem Garten vorkommt, gehört zur Familie der Lippenblütler. Sie wird 10 bis 30 Zentimeter hoch und hat eine violette Ähre. Die Oberlippe besitzt drei kurze weiche Stacheln. Die Pflanze verbreitet sich durch wuchernde Ausläufer und ist kaum auszurotten. Warum auch? Sie ist ein aromatisch schmeckendes Gewürz, das auch getrocknet und gerebelt werden kann.

Die Fruchtverbreitung der Kleinen Braunelle ist interessant: Sie hat einen eingebauten Schleudermechanismus, der bei Berührung oder durch Regentropfen ausgelöst wird. In hohem Bogen wird dabei der Samen weggeschleudert.

● **Fundorte** In Gärten, an Wegrändern, auf Weiden und in Wäldern.

● **Blütezeit** Juni bis September.

● **Sammelzeit** Von Mai bis Oktober die Blättchen und die Blüten.

● **Medizinische Wirkung** Die Kleine Braunelle besitzt einen hohen Anteil an ätherischen Ölen, Gerbstoffen und Bitterstoffen und regt die Magen- und Darmtätigkeit an. Als Tee lindert sie Magenverstimmungen und wirkt ähnlich wie Kamillentee.

● **Verwendung in der Küche** Die frischen Blätter und die Blüten der Kleinen Braunelle kann man fein gehackt in Salate und Saucen geben, die damit ein würziges, leicht bitteres Aroma bekommen (Seite 106). Als Bestandteil von Kräuteressig verströmt sie einen markigen Duft und einen herzhaften Geschmack (Seite 134). Fein geschnitten passt sie wie Schnittlauch auf ein Butterbrot.

Kleiner Wiesenknopf → Pimpinelle Seite 38

Klette *(Arctium tomentosum)*

Anhänglich wie eine Klette – jeder kennt dieses Sprichwort, und für Kinder war es früher ein Heidenspaß, andere mit den Blütenbällchen beim Spielen zu bewerfen. Als Wurfgeschoss ist die Klette aber eigentlich zu schade, denn sowohl die Blätter als auch die Wurzeln schmecken gut. Die zweijährige buschige Pflanze kann bis zu eineinhalb Meter hoch werden. Häufig sind die Stängel rot überlaufen. Die Zweige und die Blätter sind behaart. Die Verbreitung der Pflanze erfolgt durch Tiere, in deren Fell die Kletten hängen bleiben und somit an andere Orte transportiert werden.

● **Fundorte** An Wegrändern, auf Schuttplätzen, an Bahndämmen, an Ufern sowie an Zäunen und Mauern.

● **Blütezeit** Juli bis September.

● **Sammelzeit** Von Mai bis November.

● **Medizinische Wirkung** Das Öl, das man aus der Klettenwurzel zubereiten kann, ist dafür bekannt, dass es bei regelmäßiger Anwendung Haarschuppen beseitigt. Man kann sich selbst ein solches Klettenwurzelöl herstellen, indem man die Wurzel ausgräbt und etwa drei Monate in Oliven- oder Sesamöl einlegt. In der Volksheilkunde wird die Klette auch bei Leberstörungen eingesetzt.

● **Verwendung in der Küche** Die Klette ist eine besonders vielseitige Pflanze für die Wildgemüseküche.Kletten sind ein hervorragendes Gemüse, wenn man ihre zarten Blätter sammelt. Ältere Blätter sind weniger gut geeignet. Man kann Klettenblätter genauso zubereiten wie Spinat (Marginalie Seite 87). In Kombination mit Giersch und Brennnesseln kommt ihr Geschmack besonders gut zur Geltung. Die Wurzeln werden wie Schwarzwurzeln zubereitet, das Mark in den Stängeln eignet sich als Zugabe für Pilzgerichte.

Das Mark in den Stängeln der Klette ist mit seinem nussartigen Geschmack eine gute Würze für Pilzgerichte.

Knoblauchsrauke *(Alliaria petiolata)*

Die Knoblauchsranke ist eine bis zu einem Meter hohe Pflanze mit aufrechtem, kantigen Stängel und weißen Blüten mit je vier Blütenblättern. Sie wird auch Lauchkraut genannt, denn wenn man die Blätter, die fast wie Brennnesselblätter aussehen, zwischen den Fingern verreibt, riechen sie intensiv nach Knoblauch. An der Blüte entwickeln sich drei bis sieben Zentimeter lange Schoten, an denen sich die Pflanze sehr gut bestimmen lässt. Eigentlich sieht sie aus wie eine Taubnessel, also ohne Behaarung und nur mit den »falschen« Blüten.

- **Fundorte** An feuchten und schattigen Stellen, an Waldrändern, in Parks, an Hecken und buschigen Rainen.
- **Blütezeit** Mai bis Juli.
- **Sammelzeit** Blätter von April bis Juli, Samen von Juli bis August.
- **Medizinische Wirkung** Die Pflanze hat eine antiseptische und wundheilende Wirkung.
- **Verwendung in der Küche** Als Gewürz überall da, wo man normalerweise Schnittlauch oder Petersilie verwenden würde. Besonders lecker schmeckt sie in Quark- und Eierspeisen und Essig (Seite 134). Sie verleiht Suppen und Saucen ein Aroma, wie es auch Bärlauch tun würde – ihr Geschmack ist allerdings wesentlich zarter und milder. Die Samen kann man wie Senf verwenden. Prinzipiell ist die Knoblauchsrauke eine appetitanregende Pflanze, die die Verdauungsdrüsen zur Höchstproduktion anregt. Da sie nicht in Kolonien wächst, wäre es zu aufwändig, Gemüse daraus zu bereiten.

Die Knoblauchsrauke ist nicht so würzig wird der Bärlauch (Seite 11) und eine reine Gewürzpflanze, da sie mühsam zu sammeln ist.

Knöterich *(Polygonum bistorta)*

Knöterich gibt es in vielen Variationen und Sonderformen. Er wird auch Wiesenknöterich, Schlangenknöterich oder Natterwurz genannt und ist ein Feuchtigkeitsanzeiger: Wo er wächst, gibt es garantiert viel Wasser in der Umgebung. Er hat einen schlangenähnlichen Wurzelstock, aus dem der bis zu 80 Zentimeter große Stängel herauswächst. Die Blätter des Knöterich haben Eiform und sind 10 bis 20 Zentimeter lang. Die hellrosa Blüte ist eine Scheinähre. Einem richtigen Wildkräuterfan läuft bei seinem Anblick schon das Wasser im Munde zusammen, denn Knöterich lässt sich wie Gemüse zubereiten besitzt einen unvergleichlichen Geschmack.

- **Fundorte** Auf feuchten Wiesen, in Auenwäldern.
- **Blütezeit** Mai bis Juli.

● **Sammelzeit** Wer die Pflanze kennt, kann schon ab April die zarten Pflänzchen sammeln. Ansonsten wartet man auf die Blüte im Mai. Geerntet werden die Blätter bis September.

● **Medizinische Wirkung** In der Volksheilkunde verwendet man die Wurzel des Knöterich als Mittel gegen Durchfall. Sie wird getrocknet und im Mörser zerstoßen eingenommen.

● **Verwendung in der Küche** Der Knöterich lässt sich genauso zubereiten wie Brennnessel, Giersch oder Löwenzahn: Die jungen Blätter für Salat, die älteren für Gemüse oder Füllungen (Seite 96). Der milde Geschmack ist besser als der von Spinat und Mangold zusammen. Es lohnt sich, Knöterich zu probieren!

KNÖTERICHTEE BEI DARMBESCHWERDEN

2 TL Knöterichwurzel • 1 l Wasser

Die Wurzel mit kochendem Wasser übergießen und etwa 10 Minuten lang ziehen lassen. Abseihen und den Tee heiß trinken.

Kriechendes Fingerkraut → Gänsefingerkraut Seite 22

Liebstöckel *(Levisticum officinale)*

Diese Pflanze ist auch unter der Bezeichnung Maggikraut bekannt, und so ähnlich schmeckt sie auch. Den Namen Liebstöckel verdankt dieses Doldengewächs alten Hexenmythen: Hexen verstanden es angeblich, einen Liebestrank daraus zu brauen, und noch heute hält sich das Gerücht, dass die Manneskraft mit Hilfe von Liebstöckel gesteigert wird. Die rohe Pflanze schmeckt sehr intensiv nach Sellerie – als Suppengewürz ist Liebstöckel deshalb unübertroffen. Liebstöckel enthält zudem einen hohen Anteil an Vitamin C. Die Blüte ist gelb in kleinen traubenartigen Dolden. Der obere Teil der Pflanze stirbt im Winter ganz ab.

● **Fundorte** Liebstöckel wächst an Zäunen und an Waldrändern, oft auch zwischen anderen Büschen.

● **Blütezeit** Juni bis Juli.

● **Sammelzeit** Ab April bis in den Spätherbst.

● **Medizinische Wirkung** Verwendet werden die frischen oder getrockneten Blätter, die Samen sowie die Wurzel. Liebstöckel wirkt antiseptisch und hilft als Tee gegen Blähungen und Halsschmerzen. Als Badezusatz soll die Wurzel Sommersprossen beseitigen.

● **Verwendung in der Küche** Als Gewürz eignet sich Liebstöckel besonders für alle herzhaften Suppen, Eintöpfe und Teigfüllungen (Seite 74, 105). Man kann aber auch ein eigenständiges Gemüse daraus bereiten, das sehr aromatisch schmeckt und vor allem mit Kartoffelbrei und sauren Innereien gut harmoniert.

Lindenblätter und Lindenblüten

In der Wald- und Wiesenküche kommt nun tatsächlich auch ein ganzer Baum vor: die Linde. Dieser Laubbaum wächst bei uns recht häufig, und in zwei Arten, der Sommerlinde und der Winterlinde. Die Winterlinde blüht etwa zwei Wochen später, hat mehr Blüten und ist auch häufiger zu finden als die Sommerlinde.

Vielleicht erlebenmauch Sie einen Aha-Effekt, wenn Sie zum ersten Mal ein Lindenblatt direkt vom Baum gepflückt und roh gegessen haben. Die Blätter schmecken äußerst delikat: leicht süßlich und ähnlich würzig wie Nüsse. Sie sollten allerdings darauf achten, dass keine Blattläuse an den Blättern kleben, denn auch für dieses Ungeziefer sind die Lindenblätter eine richtige Delikatesse.

● **Fundorte** In Laubwäldern, in Parks, an Alleen, auf Dorfplätzen.

● **Blütezeit** Im Juni – also sehr spät –, genau wie der Nussbaum.

● **Sammelzeit** Ab Ende Mai sammelt man die frischen Blätter, ab Juli die Blüten innerhalb von vier Tagen, nach dem sie sich geöffnet haben, weil dann das Aroma am stärksten ist.

● **Medizinische Wirkung** Lindenblütentee ist ein Klassiker bei Erkältungskrankheiten, die mit Fieber verbunden sind. Auch vorbeugend leistet der Lindenblütentee hervorragende Arbeit. Wer durchgefroren und durchnässt nach Hause kommt, wer kalte Füße bekommen hat oder wer auf zugigen Bahnsteigen herumstehen musste, der sollte gleich eine Tasse von dem Tee trinken, drei Stunden später eine zweite. Auch gegen Bronchitis ist der Lindenblütentee ein Allzweckheilmittel.

● **Verwendung in der Küche** Frische Lindenblätter eignen sich für Salat (Seite 64) und sind eine bekömmliche Butterbrotauflage, besonders mit Honig. Aber man kann die Lindenblätter auch noch für

Um ein schmackhaftes Mus zuzubereiten, dünstet man Lindenblätter etwa 5 Minuten in wenig Wasser, gibt Zucker hinzu und püriert die Blätter im Mixer. Das Mus schmeckt ausgezeichnet mit Joghurt oder Sahne.

andere Süßspeisen verwenden (Seite 116f.). In süße Quark- oder Joghurtspeisen kann man die fein geschnittenen Blätter ebenfalls einrühren. Generell gilt: Lindenblätter schmecken gut, sind gesund und bieten Raum für viele Experimente im »süßen« Bereich.

Löwenzahn *(Taraxacum officinale)*

Den Löwenzahn braucht man hier wohl nicht zu beschreiben, denn eine bekanntere und verhasstere Pflanze als den Löwenzahn gibt es wohl kaum in unseren Breiten. Schon im zeitigen Frühjahr nehmen Rasenbesitzer und -pfleger den Kampf auf, stechen die Pflanze mitsamt den Wurzeln aus – und verlieren kläglich.

Wer behauptet, die Löwenzahnstängel seien giftig, irrt. Man kann die gesamte Pflanze – auch roh essen. Während der Blütezeit ist der Löwenzahn ein unerschöpflicher Gemüse- und Salatlieferant.

● **Fundorte** Überall auf Wiesen, in Gärten, an Waldrändern, auf Feldern, an Bahndämmen, an Böschungen, in Mauerritzen.

● **Blütezeit** April bis Oktober, Hauptblütezeit sind April und Mai.

● **Sammelzeit** Von April bis November, wobei das Aroma des Löwenzahns im Lauf des Jahres immer bitterer wird. Dafür wachsen aber schon wieder die ersten zarten Nachkömmlinge nach.

● **Medizinische Wirkung** Niere, Leber, Bindegewebe – das sind die Organe, die sich über den Löwenzahn am meisten freuen. Löwenzahn regt die Harnausscheidung an und eignet sich daher bei erhöhtem Harnsäurespiegel und Gicht. Dazu wird er als Tee aufgebrüht. Verwendet wird die ganze Pflanze.

Die Wurzeln enthalten Inulin, nicht zu verwechseln mit Insulin! Aber auch dieser Stoff hilft bei Diabetes. Löwenzahn »stärkt« die Manneskraft, weil er viel Provitamin A, Vitamin B und C sowie viele Mineralsalze und Bitterstoffe hat.

Kulturlöwenzahn aus dem Feinkostladen schmeckt zwar weniger bitter als wilder Löwenzahn, dafür fehlen ihm aber genau die gesunden Inhaltsstoffe des wilden Löwenzahns.

● **Verwendung in der Küche** Ein weiterer Star in der Wildkräuterküche, ob als Salat, als Blatt- oder als Wurzelgemüse: Neben Giersch und Brennnessel gibt es kein vielseitigeres Wildkraut als den Löwenzahn. Wie im Rezeptteil beschrieben, lässt sich fast alles aus Löwenzahn kochen (Seiten 63, 69, 73, 79, 83, 85f., 90, 96, 99, 105, 107, 110, 123). Die Wurzeln kann man sogar im Winter ausgraben. Dann haben sie kaum Bitterstoffe und schmecken sogar eher süßlich. Wer den herben Geschmack etwas abschwächen möchte, legt das Gemüse über Nacht in Milch ein und verwendet

die Milch gleich, mit Wasser verdünnt, zum Kochen. Eine andere
Möglichkeit: Den Löwenzahn zehn Minuten in Salzwasser einlegen.
Das gilt auch für Salate. Im Gegensatz zu Kopfsalat verliert der
Löwenzahn sein Vitamin C nicht an das Wasser. Die Löwenzahnblüten sind eine unerschöpfliche Quelle für alles Süße und Hochpro-
zentige. Man kann genauso gut damit Sekt (Seite 131) herstellen
wie einen leckeren Honig (Seite 123f.). Inzwischen gibt es in Fein-
kostgeschäften auch Kulturlöwenzahn, der richtig Geld kostet. Wer
diesen kauft, kauft des Kaisers neue Kleider!

Löwenzahnstängel sind
zwar nicht giftig,
aber Kindern kann da-
von unter Umständen
übel werden.

Maggikraut → Liebstöckel Seite 34f.

Minze *(Mentha arvensis)*

Minzearten gibt es eine ganze Menge, am bekanntesten ist die Pfefferminze. Noch viel intensiver im Geschmack ist die Ackerminze,
die bei uns in allen Wäldern, an Wegrändern und in Biotopen wild
wächst und zum Teil große Kolonien bildet. Alle Minzsorten verbrei-
ten sich unterirdisch durch zum Teil lange Ausläufer. Wenn man die
Blätter zwischen den Fingern zerreibt, riecht man das intensive Aroma. Auch die Wasserminze kann man in der Küche verwenden, allerdings ist hier Vorsicht geboten, denn man kann sie leicht mit der
Poleiminze verwechseln, die Giftstoffe enthält. Also lieber Finger
weg von Minze, die im und am Wasser wächst – es sei denn, man
hat sie im eigenen Gartenteich gepflanzt.

● **Fundorte** Minze wächst an Waldrändern, am Feldweg, in Laubwäldern und in der Nähe von Brombeerhecken.
● **Blütezeit** Juni bis Oktober.
● **Sammelzeit** Von Mai bis Oktober pflückt man die Blätter; später
erntet man die ganze Pflanze und hängt sie zum Trocknen auf.
● **Medizinische Wirkung** Die Minze ist reich an Menthol, was ihr
den frischen Charakter verleiht. Als Heiltee wirkt sie vor allem bei
Magen- und Darmbeschwerden sowie bei Leber- und Gallestörun-
gen. Minze beugt Zahnfleischentzündungen vor und wird deshalb
auch in Kaugummi verwendet.
Spearmint ist übrigens der Geschmack der Krauseminze, die kein
Menthol, dafür aber Carvon enthält, das im Kümmel vorhanden ist,
und als Antiblähmittel gilt.

Minze ist ein National-
kraut der Briten, und die
traditionelle Minzsauce
gehört dort zu vielen
Gerichten, vor allem zu
Lammfleisch. In Nord-
afrika ist Minzentee be-
sonders beliebt.

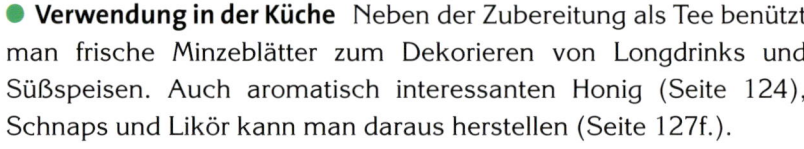

Industrieller Pfeffer-
minztee schmeckt zwar
so, wie man es von der
Minze erwartet, doch
durch die Aufbereitung
sind die wertvollsten
Bestandteile der Minze
verlorengegangen.

● **Verwendung in der Küche** Neben der Zubereitung als Tee benützt man frische Minzeblätter zum Dekorieren von Longdrinks und Süßspeisen. Auch aromatisch interessanten Honig (Seite 124), Schnaps und Likör kann man daraus herstellen (Seite 127f.).

Natterwurz → Knöterich Seite 33f.

Oregano → Dost Seite 18

Pimpinelle *(Sanguisorba minor)*

Diese wilde Pflanze, auch als Kleiner Wiesenknopf bekannt, wird bis zu einem halben Meter hoch und hat behaarte, rot angelaufene Stängel. Die Blüte ist ein dunkelrotes, kugeliges Köpfchen.
● **Fundorte** Wegränder und Geröllhalden.
● **Blütezeit** Juli bis September.
● **Sammelzeit** Von Mai bis Oktober.
● **Medizinische Wirkung** In der Volksmedizin wird die Pimpinelle als Salbenbestandteil zur Blutstillung verwendet. Als Tee wirkt sie gegen Durchfall und bei Nierenleiden. Die Wurzel dient zu Mundspülungen bei Zahnfleischentzündungen und Rachenbeschwerden.
● **Verwendung in der Küche** Während der Blütezeit ist die Pimpinelle reich an Vitaminen, Gerbstoffen und ätherischen Ölen. Man würzt damit Kräuterquark und Mayonnaisen, grüne Salate, Gurkensalat, Tomatensalat, Suppen und Eintöpfe. Verwendet werden nur die frisch geernteten, grünen Blätter. Getrocknet kann die Pimpinelle auch gerebelt werden.

Portulak *(Portulaca oleracea)*

Der Portulak wird bei uns von alten Bauern auch noch Burzelkraut genannt. Es ist eine alte Kulturpflanze, die fast überall auch wild wächst. Der Gelbe Portulak wird etwa 30 Zentimeter hoch und hat rötlich gefärbte Stängel. Die kleinen Blüten sind gelb oder orangefarbig. Portulak hat einen interessanten, leicht salzigen Geschmack. Die Blätter sind sehr vitaminhaltig, besitzen viele Mineralstoffe und sind reich an wertvollen Spurenelementen.

● **Fundorte** Die Pflanze bevorzugt vor allem sonnige und sandige Äcker und wächst in Weinbergen und auf Schutthalden.

● **Blütezeit** Juni bis September.

● **Sammelzeit** Die Blätter und die Blüten des Portulak können während der gesamten Vegetationsperiode von Frühjahr bis in den Spätherbst gesammelt und genutzt werden.

● **Medizinische Wirkung** Portulak wirkt leicht abführend und wassertreibend und wird in der Volksheilkunde für die Behandlung von Griesbildung und bei Ödemen empfohlen. Im gegarten Zustand gegessen soll Portulak hilfreich bei Entzündungen der Verdauungs- und Harnwege sein.

● **Verwendung in der Küche** Portulak schmeckt am besten vor der Blütezeit, also vor Juni. Die älteren und größeren Blätter kann man wie Spinat zubereiten (Seite 87). Daher kommen für Portulak auch alle Rezepte in Frage, die im Rezeptteil für Giersch und Brennnessel angegeben sind (Seiten 65f., 69, 70f., 73f., 76, 80f., 83, 90, 92ff., 99f., 104f., 107). Junge Blätter nimmt man dagegen hauptsächlich zum Würzen. Sie werden nicht mitgekocht, sondern fein gehackt erst kurz vor dem Servieren zugegeben. Sehr gut schmeckt Portulak auch in Kräuterquark und Mayonnaisen. Das Wildgemüse lässt sich auch einlegen und gibt dann als Beilage Gebratenem und Gegrilltem eine besonders pikante Note.

Portulak lässt sich gut unter einen bunten Blattsalat mischen, dem er einen frischen, würzigen Geschmack verleiht.

Quendel → Thymian Seite 46f.

Ringelblume *(Calendula officinalis)*

Die Ringelblume ist zwar eine Pflanze, die man in der Regel im eigenen Garten ansät, aber auch in »freier Wildbahn« trifft man sie an Wegrändern, an Feldrainen sowie auf Schutthalden. Die Pflanze wird etwa 30 bis 60 Zentimeter hoch, ihre Blüten leuchten in kräftigen gelben und orangenen Farben. Die Blätter und Stängel sind saftig und fühlen sich leicht klebrig an. Ringelblumen sind ein Regenindikator. Die Pflanze wird volkstümlich auch »Regenblume« genannt, denn wenn ihre Blüten früh um acht Uhr noch geschlossen sind, kommt garantiert tagsüber ein kräftiger Regenschauer. Leider sind sie sehr anfällig für Mehltau und kranke Pflanzen sollte man nicht pflücken: Sie sind für die Verwendung in der Küche ungeeignet.

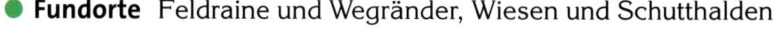

- **Fundorte** Feldraine und Wegränder, Wiesen und Schutthalden.
- **Blütezeit** Juni bis Oktober.
- **Sammelzeit** Von Juni bis Oktober die Blüten für Salate, für Heiltees die gesamte Pflanze, auch getrocknet.
- **Medizinische Wirkung** Um die höchste Heilkraft zu nutzen, sollte die Pflanze bei strahlendem Sonnenschein geerntet werden. Man sagt ihr Heilwirkungen bei Krebs und krebsartigen Geschwüren nach. Außerdem heilt sie, zur Salbe verarbeitet, Wunden aller Art. Auch Krampfadern und Warzen sollen bei regelmäßiger Anwendung von Ringelblumensalbe verschwinden.
- **Verwendung in der Küche** Die gesamte Pflanze ist essbar. Blütenblätter der Ringelblumen kann man als Dekoration für Salate und andere Speisen, etwa für Suppen, verwenden. Die Samen schmecken leicht nussig und eignen sich als Beigabe für Salate.

Rose

Rosen braucht man nicht zu beschreiben. Sie stehen in fast jedem Ziergarten und erfreuen uns mit ihrem herrlichen Duft und ihren prächtigen Blütenfarben. Nur wenige wissen, dass man diese Pflanze auch in der Küche verwenden kann. Rosen haben eine lange Tradition als Speisepflanze: Bereits in der Antike wurden Rosen als Delikatesse geschätzt. Auch als Zeichen der Liebe galt die Rose schon bei den alten Ägyptern – dieser Symbolwert hat sich bis heute erhalten. Inzwischen gibt es weit über 10.000 verschiedene Arten, und die Rose gehört damit zu den ältesten kultivierten Pflanzen der Erde. Nur einige Sorten sind essbar: Sowohl in der Küche als auch in der Volksheilkunde wird nur die rote oder rosafarbene Rose verwendet.

- **Fundorte** In Gärten und Parks.
- **Blütezeit** Juni bis September.
- **Sammelzeit** Während der Rosenblüte. Gesammelt werden nur die Blütenblätter, die leicht süßlich schmecken.
- **Medizinische Wirkung** Römische und griechische Ärzte setzten die Rose wegen ihrer adstringierenden Wirkung ein. Sie soll bei allgemeiner Schwäche als Tee getrunken werden und kann auch zur Stärkung der Lungen beitragen. Außerdem sagt man der roten Sorte Heilwirkungen bei Dünndarmentzündungen und Durchfall nach. Die rosafarbene Rose soll dagegen ein mildes Abführmittel sein und bei Kindern Verstopfungen beseitigen.

Die Römer brachten die Rosen wie Wein, Lavendel und Rosmarin in die Regionen nördlich der Alpen. Noch heute gibt es in Bulgarien und Südfrankreich Rosenplantagen für die Gewinnung von Rosenwasser und Rosenöl.

● **Verwendung in der Küche** Wer es wie die alten Römer halten will, muss eigentlich an jede Speise Rosenblütenblätter geben. Es gab zu ihrer Zeit kaum etwas, das nicht mit Rosenblüten verfeinert wurde: nicht nur Süßes, Torten und Gebäck oder Marmelade, sondern auch Fleischspeisen, Wein und vieles mehr. Aus Rosen kann man einen wunderbaren Ansatzessig herstellen (Seite 134) sowie Likör und Süßspeisen. Legendär ist der Einsatz von Rosenwasser bei der Herstellung von Marzipan, das im Wesentlichen aus gemahlenen Mandeln, Zucker und Rosenwasser zubereitet wird.

ROSENWASSER FÜR MARZIPAN

Einige Hand voll frischer Rosenblüten • entkalktes Wasser

Blüten ganz leicht mit Wasser bedecken, kurz aufkochen. Den Rosenblütensud erkalten lassen und in Flaschen abseihen.

Rosmarin *(Rosmarinus officinalis)*

Rosmarin wird zwar häufig als Gewürz im Garten angebaut, man findet dieses Kraut aber auch wild. Kennzeichen der bis zu 90 Zentimeter hohen Pflanze sind der durchdringende Geruch und ihre dunkelgrünen fleischigen und lanzettartigen Blätter, die an der Unterseite weiß sind. Auf den Grill gelegt verströmt Rosmarin einen angenehm aromatischen Duft. Die Blüten sind hellviolett und röhrenförmig. Die Verbreitung erfolgt durch winzig kleine Samen.

● **Fundorte** Rosmarin wächst an Mauern und Gebäuden, an Zäunen und in Gebüschen.

● **Blütezeit** Juli bis August.

● **Sammelzeit** Von Frühjahr bis Herbst werden die Blätter gesammelt. Man kann sie auch trocknen und rebeln.

● **Medizinische Wirkung** Mindert Beschwerden bei Erkältungen und Stirnhöhleninfektionen (Inhalieren). In Shampoo dunkelt Rosmarin die Haare nach. Ein Sträußchen Rosmarin im Kleiderschrank vertreibt Motten und andere Insekten.

Rosmarin hat im Lateinischen den poetischen Namen »ros marinus«, Tau des Meeres, denn er stammt ursprünglich von steilen Hängen und aus Wäldern an den Küsten des Mittelmeerraumes.

● **Verwendung in der Küche** Ein mediterranes Gewürz, vor allem für Geflügel und Lammfleisch, und ein Bestandteil der Kräuter der Provence. Man gibt Rosmarin zu Marinaden hinzu, das Gewürzkraut passt aber auch gut zu allen Eierspeisen, Punsch und als duftender

Bestandteil aller frischen Salate mit Kräutern. Einen Teelöffel Rosmarinpulver kann man Reis unterrühren: Er duftet damit herrlich und erhält ein interessantes Aroma. Bemerkenswerterweise ändert Rosmarin seinen Geschmack in Verbindung mit Äpfeln: Wenn man ihn für Apfelgerichte verwendet, entfaltet er einen Geschmack ähnlich wie Pfefferminze und verliert sein herb-würziges Aroma.

Salbei *(Salvia officinalis)*

Salbei wächst wild in zwei Formen: als Klebriger Salbei und als Wiesensalbei. Der Klebrige Salbei hat gelbe Blüten, die aussehen wie Taubnesselblüten, der Wiesensalbei dagegen dunkelblaue Lippenblüten. Man kann die Pflanze mit den ledrigen, filzigen Blättern leicht erkennen, wenn man ein Blatt zwischen den Fingern zerreibt. Er riecht und schmeckt sehr intensiv, so dass schon wenige Blätter zum Würzen genügen. Und noch eine Besonderheit: Die Pflanze wird durch Hummeln und nicht durch Bienen bestäubt.

● **Fundorte** Klebriger Salbei wächst in Laub- und Mischwäldern, an buschigen Ufern und liebt die Feuchtigkeit. Der Wiesensalbei hat es dagegen lieber trocken und wächst an Wegrändern und auf Fettwiesen mit überwiegend kalkhaltigem Boden.

● **Blütezeit** April bis August.

● **Sammelzeit** Klebriger Salbei von Juli bis September, Wiesensalbei von Juli bis August. Gesammelt werden die frischen Blättchen, zum Trocknen schneidet man die gesamte Pflanze. Salbei hält sich getrocknet über ein Jahr.

● **Medizinische Wirkung** Salbei hat eine stark keimtötende und abwehrkräftigende Wirkung, was an seinen starken ätherischen Ölen liegt. Als Heilmittel bei Entzündungen im Mund- und Rachenraum ist der Salbeitee legendär. Salbei zählt zu den bekanntesten Mitteln gegen nächtliche Schweißausbrüche, unterstützt die Verdauung und hilft bei Magenschmerzen. In der Volksheilkunde wird Salbei auch bei Menstruationsbeschwerden angewendet und soll den Hormonhaushalt regeln helfen, weil er einen Bestandteil hat, der dem Hormon Östrogen sehr ähnlich ist.

● **Verwendung in der Küche** Aufgrund seines intensiven, leicht bitteren Geschmacks wird Salbei in der Küche nur sparsam verwendet. Am besten schmeckt er, wenn er in Fett gebraten wird. Salbeikartoffeln mit Butter sind eine Delikatesse, und in der Bratröhre

Salbei, dessen Name sich vom lateinischen »salvare«, heilen, ableitet, war schon in der Antike eine wichtige Heilpflanze. Ein englisches Sprichwort meint sogar: »Iss Salbei im Mai, und du wirst ewig leben.«

oder auf dem Grill zeigt die Pflanze Knusperqualitäten (Seite 134).
Sie schmeckt sehr pikant und fast ähnlich wie zarte Chips, noch
dazu mit Heilwirkung (Seite 83). Sehr schmackhaft sind auch
Salbeiessig (Seite 134) und Salbeiwein, der den Magen stärkt. Ein
Likörgläschen nach jeder Mahlzeit ist die richtige Dosierung.

Sauerampfer *(Rumex acetosa)*

Die Pflanze wird bis zu einem Meter hoch und hat rötliche Stiele, an
denen fleischige, spießförmige Blätter wachsen. Die Blüte ist leicht
rötlich. Wer unter erhöhtem Harnsäurespiegel leidet, sollte vorsichtig sein und nicht zu viel davon essen, denn ähnlich wie Rhabarber
hat Sauerampfer einen hohen Anteil an Oxalsäure, die sich auch
ungünstig bei Rheuma, Asthma und Gicht auswirkt.

● **Fundorte** Sauerampfer wächst bevorzugt auf feuchten und sauren Wiesen oder an feuchten Waldrändern.

● **Blütezeit** Mai bis September.

● **Sammelzeit** Ab Frühjahr erntet man die zarten Blätter, im Sommer werden sie leicht bitter, was nicht jedermanns Sache ist.

● **Medizinische Wirkung** Sauerampfer wirkt blutreinigend und ent-
schlackend. Als Tee wird Sauerampfer in der Volksheilkunde zur
Blutreinigung empfohlen. Von harntreibender Wirkung ist ein Tee
aus der getrockneten Wurzel der Pflanze.

**Sauerampfer darf man
nicht mit Ampfer ver-
wechseln, wirklich ein
ungenießbares Kraut
ist und hartnäckig sei-
nen Platz im Garten
verteidigt.**

SAUERAMPFERWURZELTEE ZUR BLUTREINIGUNG

1 TL Sauerampferwurzel • 1 l kaltes Wasser

Wurzeln mit kaltem Wasser ansetzen, aufkochen und etwa
10 Minuten ziehen lassen. Um eine Wirkung zu erzielen, sollte
man täglich drei Tassen davon trinken.

● **Verwendung in der Küche** Die Pflanze eignet sich sowohl für Salate als auch für Suppen (Seiten 73, 76) und Gemüse (Seite 80).
Rahmsaucen gibt Sauerampfer, fein gehackt oder püriert, eine kräftige grüne Farbe (Seite 70). Sauerampfer passt hervorragend zu
gekochtem Fleisch und Fisch. Als eine Spezialität Holsteiner Art gilt
der Sauerampfer gemischt mit Rosinen.

Sauerdorn → Berberitze Seite 14

Sauerklee *(Oxaris europaea)*

Sauerklee, der im Volksmund auch Hasenklee oder Himmelsbrot genannt wird, sieht zwar wie Klee aus, gehört aber nicht zu den allgemein bekannten Kleearten, die auf Wiesen und Rasenflächen wachsen. Sauerklee gedeiht unter Bäumen, bevorzugt auf abgestorbenen Hölzern und Baumstümpfen. Ähnlich wie Pilze verbreitet er sich durch ein Rhizom unterirdisch. Die Pflanze blüht mit fünf Blütenblättchen, wobei jedes einzeln an einem eigenen Stängel wächst. Wenn der Sauerklee von der Sonne beschienen wird, senken sich die Blätter ähnlich wie beim Kürbis ab, um die Verdunstung so gering wie möglich zu halten. Der saure Geschmack kommt wie beim Sauerampfer vom hohen Anteil an Oxalsäure. Deshalb sollte man nicht zu viel Sauerklee essen, wenn der Harnsäurespiegel zu hoch ist, und auch bei Gicht und Rheuma nicht unbedingt größere Mengen dieser Pflanze zu sich nehmen. Ein paar Blättchen Sauerklee, frisch beim Spaziergang im Wald gezupft und roh gegessen, schaden auf keinen Fall.

Sauerklee ist eine liebenswerte Dekoration auf Salaten, denn alle seine Blätter sind vierblättrig, was ja bekanntlich Glück bringen sollen.

● **Fundorte** Sauerklee wächst in Wäldern, auf Waldlichtungen, an schattigen, feuchten Plätzen.

● **Blütezeit** April bis Mai.

● **Sammelzeit** Von April bis September die frischen Blättchen, für Tee werden die Blüten gesammelt.

● **Medizinische Wirkung** Blutreinigend und harntreibend. Sauerkleeblüten werden nur im frischen Zustand als Tee verwendet und können nicht getrocknet werden. Er soll Sodbrennen beheben und auch, innerlich angewendet, Hautausschläge lindern. Tropfenweise in Schafgarbentee getrunken, soll er auch gegen die Leiden der Parkinsonschen Krankheit helfen. Einige Blättchen angekaut auf Mückenstiche gelegt, lassen den Stich abschwellen.

● **Verwendung in der Küche** Sauerklee eignet sich sowohl als erfrischende Beigabe zu allen Salaten als auch als komplettes Gemüse oder Suppe (Seiten 70, 80). Aber wie schon erwähnt: Der hohe Oxalgehalt macht den Sauerklee zu einer Speise, die Sie nicht jeden Tag essen sollten. Einmal im Monat Sauerkleegemüse ist gesund.

Säumelde → Weißer Gänsefuß Seite 52f.

Schafgarbe *(Acchillea millefolium)*

Im Volksmund wird die Schafgarbe auch als »Augenbraue der Ve-
nus« bezeichnet – und wenn Sie sich die vielen kleinen Blütchen in
der Dolde der etwa 80 Zentimeter großen Pflanze ansehen, dann
wissen Sie auch, warum. Die Farbe der Blüten ist weiß bis rosarot.

● **Fundorte** Schafgarbe wächst auf Schafweiden und Wiesen, im
Rasen und an Wegrändern und auf Feldwegen.

● **Blütezeit** Mai bis Oktober.

● **Sammelzeit** Ab Mai werden die zarten Blättchen gesammelt, ab
Oktober die ganze Pflanze zum Trocknen für Tee.

● **Medizinische Wirkung** Schafgarbentee wird seit langer Zeit in
der Volksheilkunde gegen verschiedene Krankheiten eingesetzt.
Hier ist es auch unter dem Namen »Bauchweh- und Blutstillkraut«
bekannt. Schafgarbe wird bei Frauenleiden, Magen- und Darmerkrankungen sowie Migräne eingesetzt. Die in der Pflanze enthaltenen ätherischen Öle wirken zudem schleimlösend. Man sagt der
Schafgarbe sogar nach, dass sie zusammen mit Kalmus auch Lun-
genkrebs heilen kann. Aber Vorsicht: Die Öle der Schafgarbe können bei empfindlichen Menschen bei Benetzung der Haut zu erhöh-
ter Lichtempfindlichkeit führen.

● **Verwendung in der Küche** Die zarten und gefiederten Blättchen
der Schafgarbe kann man von Mai bis September Salaten beigeben.
Die Blättchen schmecken sehr aromatisch und erinnern an Möhren-
kraut. Aber auch als feine Würze für Suppen, Eintöpfe und für Kräu-
terquarkspeisen lassen sich die Blättchen verwenden (Seiten 96,
99). Für das Aromatisieren von Essig ist Schafgarbe ebenfalls gut
geeignet (Seite 134).

Schafgarbe verströmt
beim Trocknen einen
angenehm würzigen
Duft.

Schattenblatt/Schwierkraut → Giersch Seite 22ff.

Schlangenknöterich → Knöterich Seite 33f.

Silberkraut → Gundermann Seite 24f.

Soldatenpetersilie → Gundermann Seite 24f.

Spitz- und Breitwegerich
(Plantago lanceolata und *Plantago major)*

Spitzwegerich ist nicht nur eine seit langem bekannte Heilpflanze, sondern auch ein wohlschmeckendes Wildgemüse, genau wie sein Bruder Breitwegerich. Die Blätter bilden eine Rosette am Boden, während die ährenförmigen Blüten auf hohen, blattlosen Stängeln sitzen. Aus der Blüte ragen lange Staubfäden mit gelblichen Staubbeuteln. Äußerlich kann man das frische Kraut auf Wunden oder Insektenstiche legen. Die Schwellung geht sofort zurück, man muss ein Spitzwegerichblatt nur etwas ankauen, so dass der Saft auslaufen kann. Breitwegerich hat den Vorteil, dass er in großen Kolonien fast überall auftritt. Die Ernte erfolgt nicht anders als bei Spinat: Sehr schnell hat man eine größere Menge beisammen, die Blätter fallen beim Kochen allerdings stark zusammen.

● **Fundorte** Spitz- und Breitwegerich wachsen an Wegrändern, in Parks, an Feld- und Waldwegen und als »Unkraut« im Garten.

● **Blütezeit** April bis Oktober.

● **Sammelzeit** April bis November.

Spitzwegerich wächst besonders häufig an Wegrändern. Weil diese auch gern von Hunden besucht werden, sollten Sie dort keine Pflanzen ernten.

● **Medizinische Wirkung** Als Tee ist Spitzwegerich ein altbewährtes Hustenmittel, das auch in Drogerien angeboten wird. Generell wirkt der Tee bei Atemwegserkrankungen wie Bronchitis und Asthma. Auch Blasen- und Nierenleiden sind Anwendungsbereiche. In einem alten Kräuterbuch steht: »Wenn eine Kröte von einer Spinne gebissen wird, eilt sie zum Wegerich, damit ihr geholfen wird.«

● **Verwendung in der Küche** Im Frühjahr sind die Blätter am zartesten, später im Sommer muss man die Blattnerven entfernen, die sehr faserig sind. Zubereitet wird Spitz- bzw. Breitwegerich als Gemüse (Seiten 80, 84, 94, 96, 99, 113) entweder gedünstet oder gekocht, oder als Suppe (Seiten 69, 74f.). Die Blätter können aber auch roh zu Salat verarbeitet werden und sind sehr vitaminreich (Seite 63).

Thymian *(Thymian vulgaris)*

Thymian gehört zu den Kräutern der Provence und wächst auch bei uns auf fast allen Wiesen. Er wird auch als Quendel oder Feldkümmel bezeichnet. Charakteristisch sind seine purpurroten oder intensiv rosa gefärbten Blüten. Um ihn einwandfrei zu identifizieren, muss man nur ein Blättchen zwischen den Fingern verreiben und daran riechen. Thymian liebt die Sonne und ist eine sehr beliebte

Bienenweide. Die Verbreitung der Samen erfolgt allerdings über Ameisen. Auffällig ist der exakt vierkantige Stängel des Thymians. Die Blätter des Thymians sind an der Oberseite leicht behaart.

● **Fundorte** Thymian wächst auf sonnigen Magerwiesen und an Waldrändern sowie in Heidelandschaften.

● **Blütezeit** Juni bis Oktober.

● **Sammelzeit** Ab Mai bis November die frischen Blättchen und ab Oktober die ganze Pflanze zum Trocknen abernten.

● **Medizinische Wirkung** Hildegard von Bingen preist den Thymian als Heilmittel gegen Aussatz, Lähmung und Nervenerkrankungen. Thymianöl soll bei Schlaganfällen, Multipler Sklerose, Muskelschwund und bei Verstauchungen helfen. Das Öl kann man aus den Blüten auch selbst herstellen.

● **Verwendung in der Küche** Thymian ist ein reines Gewürzkraut und schmeckt als Gemüse nicht (Seiten 63, 74, 100).

> Die Griechen der Antike entzündeten Räucherwerk aus Thymian in ihren Tempeln, und bereits den alten Ägyptern war er als Mittel gegen Husten bekannt.

THYMIANÖL ALS ALLHEILMITTEL

Zwei Hände voll Thymianblüten • 3/4 l Olivenöl • Flasche • Haarsieb braune Fläschchen zum Auffüllen

Blüten in eine Flasche stopfen und mit Olivenöl übergießen. 14 Tage in der Sonne auf der Fensterbank stehen lassen und dann durch ein Haarsieb in andere Flaschen umfüllen. Möglichst braune Glasfläschchen verwenden.

Veilchen

Blau wie ein Veilchen – so drückt es der Volksmund aus, meint aber etwas völlig anderes damit als die intensive Farbe dieser frühen Frühlingspflanze. Jedenfalls duftet die Blüte sehr stark und angenehm, weshalb man Veilchen auch zur Parfümherstellung verwendet. Die Verbreitung erfolgt durch Ameisen, weil die Samen sehr fett- und eiweißhaltig und damit ein Leckerbissen für die Tiere sind. Es gibt zwei Arten, das so genannte Wohlriechende Veilchen *(Viola odorata)* und das Waldveilchen *(Viola reichenbachiana)*. Die erste Art wird etwa fünf Zentimeter groß und hat violette Blüten, das Waldveilchen wird 10 bis 30 Zentimeter hoch und blüht blau. Es gibt bei Veilchen Dutzende von Unterarten.

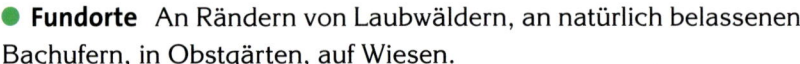

● **Fundorte** An Rändern von Laubwäldern, an natürlich belassenen Bachufern, in Obstgärten, auf Wiesen.

● **Blütezeit** März bis April.

● **Sammelzeit** Von März bis April wird die ganze Pflanze gesammelt, die sich auch zum Trocknen eignet.

Veilchenblüten in reinem Alkohol aus der Apotheke eingelegt, ergeben ein angenehmes Parfüm, getrocknet auf glühende Holzkohle gelegt, bringen die Blüten einen zarten Duft ins Haus.

● **Medizinische Wirkung** Veilchentee wirkt blutdrucksenkend und wird auch bei hartnäckigen Bronchialerkrankungen oder zum Gurgeln bei Halsentzündungen empfohlen. Die gleiche Wirkung hat ein Sirup, den man früher Kindern als Hustensaft verabreichte.

● **Verwendung in der Küche** Veilchen kann man in Essig einlegen und daraus einen wunderbar duftenden Würzessig (Seite 134) herstellen, der gut zu allen zarten Blattsalaten passt, etwa zu Kopfsalat, Eichblattsalat oder Eissalat.

Vogelbeere

Vogelbeeren sind die Früchte der Eberesche, auch Vogelbeerbaum *(Sorbus ancuparis)* genannt, die bei uns fast überall wächst, mal als Strauch, mal als bis zu acht Meter hoher Baum. Wegen ihrer leuchtend roten Früchte ist die Eberesche auch ein beliebter Park- und Gartenbaum. Keinesfalls sind die Früchte giftig, wie oft behauptet wird, wenngleich man die Beeren nicht roh essen kann: Sie müssen wie Hagebutten gekocht werden. Es gibt zwei Sorten von Ebereschen, eine mit etwas herberen und bitteren Beeren und eine mit zitronig milden Früchten. Die Laubblätter sind gefiedert und bestehen aus fingerartigen Einzelblättern. Im August, wenn die Beeren reif sind, werden die Bäume besonders von Amseln und anderen Vögeln bevölkert, daher auch der Name. Für die Vögel sind die Früchte ein Leckerbissen, und mit ihrer Hilfe verbreitet sich die Eberesche auch: Die unverdaulichen Kerne werden von Vögeln einfach an einem neuen Ort platziert. Besonders gut eignen sich die Beeren in der Küche, wenn sie einen frühen Herbstfrost abbekommen haben. Die Blüten sind eine ausgezeichnete Bienenweide. An gesundheitsfördernden Inhaltsstoffen bieten die Vogelbeeren jede Menge Vitamin C, organische Säuren, ätherisches Öl, Gerbstoff, Bitterstoff, Sorbit und Parasorbinsäure. Wie Hagebutten sind Vogelbeeren auch als Marmelade eine richtige Vitaminbombe.

● **Fundorte** Gärten, öffentliche Parks, Laubwälder.

● **Blütezeit** Mai bis Juni.

● **Sammelzeit** Von August bis September, zwei Wochen, nachdem die Vögel Geschmack daran gefunden haben.

● **Medizinische Wirkung** gegen Magenverstimmungen und Appetitlosigkeit, als Tee werden sie bei Durchfall eingesetzt. Generell ist die Vogelbeere galle- und harntreibend.

● **Verwendung in der Küche** Vogelbeermarmelade ist eine Delikatesse von »markiger« Beschaffenheit. Durch die Kerne, drei pro Frucht, schrumpft die Ausbeute allerdings beim Passieren um die Hälfte. Vogelbeeren verlangen eine etwas aufwändige Zubereitungsart – doch die Mühe lohnt sich. Das ungezuckerte Fruchtmark lässt sich mit anderen Wildkräutern auch zu einer guten Suppe verarbeiten. Außerdem eignet sich die Frucht zur Herstellung von Schnaps und Likör, die eine tiefrote Farbe bekommen und herb-säuerlich schmecken (Seite 130). Vogelbeeren vertragen sich sehr gut mit Äpfeln. Getrocknet und gemahlen eignen sie sich zum Würzen von Saucen, Wild oder fetten, schwer verdaulichen Speisen. Sie sorgen dafür, dass das Essen bekömmlicher wird.

Beim Ernten kurz auf eine Vogelbeere beißen und schmecken. Am besten geeignet sind Beeren mit Zitronengeschmack. Die Farbe ist dagegen weniger entscheidend, sie kann von hellem Orange bis Dunkelrot gehen.

Vogelmiere *(Stellaria media)*

Die Pflanze wächst überwiegend dicht über dem Boden und steigt nur manchmal auf. Sie kann 5 bis 30 Zentimeter hoch werden. In den Achseln der Blätter wachsen die weißen Blüten, die man auch noch im Winter beobachten kann. Die Staubgefäße sind violett oder purpurfarben. Die Pflanze gilt als Kulturfolger und bevorzugt stickstoffhaltige Böden. Neben dem Guten Heinrich (Seite 25) ist sie ein typischer Bewohner von Schuttplätzen und anderen unwirtlichen Gebieten. Sebastian Kneipp hat die Pflanze auch als »Hühnerdarm« bezeichnet, wohl, weil sie am Boden liegend so aussieht.

● **Fundorte** Vogelmiere wächst auf Äckern, auf Schuttplätzen, an Wegrändern, im Garten, aber auch im Wald.

● **Blütezeit** Januar bis Dezember, also das ganze Jahr über.

● **Sammelzeit** Im Frühjahr werden die jungen Blättchen für Salate und Mischgemüse gesammelt. Für Tees wird das ganze Kraut geschnitten und getrocknet.

● **Medizinische Wirkung** Vogelmierentee wirkt schleimlösend und hilft bei Nieren- und Blasenverschleimung und gegen Schmerzen beim Zahnen. Äußerlich in einer Mischung mit Spitzwegerich und Zinnkraut, soll es bei Ausschlägen, Warzen und Geschwüren helfen.

● **Verwendung in der Küche** Die frischen Blättchen der Vogelmiere können bunten Frühlingssalaten beigemischt werden und bereichern sie mit ihrem charakteristischen Geschmack.

Als Suppengrün eignen sie sich das ganze Jahr über (Seite 80), weil die Pflanze immergrün und deshalb jederzeit verfügbar ist. Sie kann aber auch getrocknet und gerebelt werden.

Waldmeister *(Galium odoratum)*

Waldmeister ist das typische Wildkraut im Monat Mai, deshalb wird er auch Maikraut oder Maitee genannt. Bekannt ist die klassische Maibowle, die fast schon Kultcharakter hat und der man magische Wirkungen zuschreibt. Am häufigsten findet man die etwa 10 bis 30 Zentimeter hohe Waldmeisterpflanze in schattigen Buchenwäldern. Waldmeister verbreitet sich unterirdisch und wächst oft in riesigen Kolonien. Die Stängel sind vierkantig, die Blüten weiß. Das bekannte und typische Aroma entsteht beim Trocknen der Pflanze und heißt Cumarin. Wichtig: Er schmeckt und riecht erst nach dem typischen Waldmeister, wenn er ein paar Stunden liegt und antrocknet, bevor er verwendet wird. Ganz frisch kann Waldmeister deshalb nicht verwendet werden.

Waldmeister wird auch bei der Parfümherstellung und als Geschmacksstoff von Sirups oder Likör eingesetzt.

Götterspeise mit Waldmeistergeschmack kann man herstellen, wenn man das Kraut in etwas Wasser auskocht, abseiht und in diesem Sud einige Gelatineblätter aufkocht. Die Waldmeistergelatine erkalten lassen und mit Honig süßen.

● **Fundorte** Schattige Laubwälder, besonders Buchenwälder sind die Gebiete, wo Waldmeister am besten wächst. Im Garten gedeiht er unter Büschen, und bevorzugt unter Stachelbeersträuchern.

● **Blütezeit** Mai bis Anfang Juni.

● **Sammelzeit** Waldmeister wird von Mai bis Juni gesammelt, denn er eignet sich nur zum Verzehr während der Blüte.

● **Medizinische Wirkung** Waldmeister ist nicht nur von berauschender, sondern auch von heilender Wirkung. Er gilt als wirksam bei Darmstörungen und krampfartigen Zuständen. Ältere Menschen haben ihn früher pur als Schlaftee getrunken. Doch Vorsicht: In höheren Dosierungen erzeugt er Kopfschmerzen, wobei hier natürlich nicht die Menge der konsumierten Maibowle gemeint ist.

● **Verwendung in der Küche** Aus den frischen Waldmeisterzweiglein lässt sich nicht nur die bekannte Maibowle (Seite 129) oder der Maiwein herstellen, sondern auch ein aromatischer Gelee, Waldmeisterlikör (Seite 128) und vor allem Waldmeisteressig (Seite 134).

Als Geschmacksstoff kann die Pflanze, wenn sie getrocknet und gemahlen wird, unter süße Speisen wie Pudding oder Joghurt gemischt werden. Im Vorratsschrank hält Waldmeister Motten vom Mehl und anderen stärkehaltigen Speisen fern. Aber damit nicht genug – in der Pfeife rauchen kann man den getrockneten Waldmeister ebenfalls.

Weißdorn *(Crataegus monogyna)*

Weißdorn ist ein weit verbreiteter Zierstrauch, der auch wild an Waldrändern wächst. Junge Zweige haben eine charakteristische braungrüne bis rotbraune Färbung, ältere sind graubraun. Die Blätter des Weißdorns sind an der Oberseite glatt und dunkelgrün, unten heller und blaugrün. Die schönen weißen Blüten haben zwar einen unangenehmen Geruch, ziehen aber trotzdem Bienen magisch an. Ab September leuchten die roten Scheinbeeren, deren Fruchtfleisch sehr mehlig ist. Sie sehen aus wie Hagebutten an einem Strauch. Seit alters her gilt der Weißdorn als herzstärkendes Mittel, aber auch die jungen Blätter werden in der Küche gern eingesetzt.

● **Fundorte** Weißdorn wächst in Laubwäldern und Hecken, an Waldrändern und Zäunen und bevorzugt an sonnigen Hängen.

● **Blütezeit** Mai bis Juni.

● **Sammelzeit** Im Frühling können die zarten jungen Blätter für Salate gesammelt werden, Blüten und Beeren werden für medizinische Zwecke im Mai/Juni und im September gelesen und getrocknet.

● **Medizinische Wirkung** Als herzstärkender Tee werden die getrockneten Blüten und Früchte verwendet. Die wirksamen Bestandteile halten sich etwa ein Jahr lang. Die Pflanze fördert generell die Durchblutung. Ältere Menschen sollten dreimal täglich eine Tasse trinken, empfiehlt die Volksmedizin. Nebenwirkungen sind keine bekannt. Die Wirkstoffe, mit denen Weißdorn gegen Herzbeschwerden und Kreislaufschwäche vorgeht, heißen Flavonoide, Prozyanidine und Amine. Auch gegen Übergewicht soll der Weißdorn gut sein.

● **Verwendung in der Küche** In früheren Zeiten wurden die mehligen Früchte des Weißdorns gemahlen und als Mehl in Mischungen mit anderen Mehlsorten zum Brotbacken verwendet. Ein Versuch, der sich lohnt. Sie können aus dieser Mischung mit Weißdornmehl auch normalen Hefeteig herstellen. Die Brote sehen dann rötlich aus und überzeugen nicht nur durch ihre nicht alltägliche Farbe, sondern auch durch ihren feinen Geschmack.

Weißdornbrot wird aus einem Teil gewöhnlichem Mehl und einem Teil Weißdornmehl gebacken.

Weiße Taubnessel *(Lamium album)*

Die Weiße Taubnessel – Gleiches gilt auch für die etwas seltenere Gelbe Taubnessel – kann wie die Brennnessel in der Küche verwendet werden, allerdings schmeckt sie etwas milder, und beim Sammeln kann man auf Schutzhandschuhe verzichten. Die Weiße Taubnessel ist etwas kleiner als die Brennnessel und wird etwa 30 Zentimeter hoch. Die Stängel sind vierkantig, die weißen Blüten stehen ringförmig auf verschiedenen »Stockwerken«.

● **Fundorte** An Feld- und Wegrändern, an Waldrändern und Zäunen, in Gräben und auf Schutthalden.

● **Blütezeit** April bis Oktober.

● **Sammelzeit** Ab April werden die Blätter und Blüten gesammelt. Während der gesamten Vegetationsperiode kann die ganze Pflanze zum Trocknen für Tees gepflückt werden.

● **Medizinische Wirkung** Als Tee eignet sich die Weiße Taubnessel gegen gesundheitliche Probleme in den Wechseljahren und bei Menstruationsbeschwerden, meist wird sie im Zusammenspiel mit Schafgarbe und Frauenmantel in Teemischungen verwendet. In der Volksmedizin wird die Taubnessel bei Entzündungen, Blutarmut und Lungenkrankheiten empfohlen.

● **Verwendung in der Küche** Die Blätter und Blüten kann man wie Brennnessel zubereiten – in Salaten und Wildgemüsen, Suppen und Eintöpfen (Seiten 75, 110f.) ist sie ein wohlschmeckernder Bestandteil. Aus den süßen Blüten wird ein schmackhafter Honig hergestellt (Seite 121f.). Die hübschen weißen Blüten eignen sich auch zum Dekorieren von Salaten.

Frisch gezupfte Taubnesselblüten schmecken, wenn man sie von hinten her aussaugt, wie Zuckersirup. Beliebt sind sie deshalb vor allem bei Kindern.

Weißer Gänsefuß/Melde *(Chenopodium album)*

Eine bis zu zwei Meter hohe Staude ist der Gänsefuß, auch Melde genannt. Die Blätter sehen aus wie ein Spieß und sind mehlig bestäubt. Die Blüten sind grünlich und unscheinbar. Er wird auch Wilder Spinat genannt und hat auch noch andere, leider seiner Bedeutung nicht gerecht werdende Namen, die diese Pflanze zu Unrecht verunglimpfen: Hundsschiss, Schissmehl oder Säumelde. Die bröselnden Blütenstände sind ein beliebtes Vogelfutter. Sollte man den Weißen Gänsefuß mit anderen Meldearten verwechseln, ist das auch nicht weiter tragisch, denn alle Melden sind gleichermaßen für die Verwendung in der Wildkräuterküche geeignet. Mittlerweile wer-

den sie sogar als Samen in einschlägigen Gartengeschäften angeboten. Aber warum sich die Mühe des Kultivierens machen? Der
Weiße Gänsefuß wächst ohnehin überall. Er ist mit allen Melden
verwandt, und man geht davon aus, dass er schon in der Jungstein-
zeit gegessen und auch angebaut wurde. Die Pflanze gilt als Kultur-
begleiter und Vorbote an neu zu besiedelnden Standorten. Also:
Beim nächsten Spaziergang aufpassen, wo gerade ein Neubauge-
biet entsteht: Dort fühlt sich der Weiße Gänsefuß am wohlsten.

● **Fundorte** Die Pflanze wächst auf Schutthalden, an Wegrändern
und Zäunen, auf Brachland und Müllhalden.

● **Blütezeit** Juli bis Oktober.

● **Sammelzeit** Vom Frühling bis weit in den Herbst hinein werden
die Blätter gesammelt.

● **Medizinische Wirkung** Als Tee hilft Gänsefuß gegen Stoffwech-
selstörungen und Verschleimung. In der Volksmedizin gilt er zudem
als Mittel gegen Nagelbettentzündung und Hautunreinheiten.

● **Verwendung in der Küche** Da der Eigengeschmack der Melde
eher zart ist, lassen sich viele Geschmacksrichtungen variieren. Sie
ist ein unerschöpflicher Wildgemüselieferant, weil sie so häufig vorkommt. Da der Weiße Gänsefuß auch Wilder Spinat genannt wird,
sagt dies bereits alles über die Zubereitungsmethode: Gänsefuß wird
wie Giersch und Brennnessel gedünstet oder gekocht (Seiten 62, 107).

Wer einen Kanarienvogel
oder einen Wellensittich
hat, kann ihm einen
Leckerbissen servieren.
Die Samen des Weißen
Gänsefußes, die wie klei-
ne Hirsesamen ausse-
hen, sind ein beliebtes
Vogelfutter.

Wiesenbärenklau *(Heracleum sphondylium)*

Wiesenbärenklau erinnert von den Blättern her an Schafgarbe, die
weiße Blüte ist aber eher ein flacher Teller mit einem Durchmesser
von bis zu 15 Zentimetern. Bärenklau wird von Bienen und anderen
Insekten befruchtet und wächst bis zu 1,8 Meter hoch. Die Stängel
sind gefurcht und haben Borsten. In der alten Literatur sagte man
dem Bärenklau aphrodisierende Wirkung nach und gute Erfolge bei
der Erfüllung ehelicher Pflichten. Wenn die Felder, an denen er
wächst, gut gedüngt worden sind, vermehrt er sich explosionsartig.

● **Fundorte** Wiesenbärenklau wächst auf nährstoffreichen Wiesen,
an Feldrändern, in Gräben, Auenwäldern und an Ufern.

● **Blütezeit** Juni bis Oktober.

● **Sammelzeit** Von Mai bis November erntet man die zarten Blätter.
Wenn Wiesenbärenklau für Tee verwendet werden soll, erntet man
die ganze Pflanze im gleichen Zeitraum und trocknet sie.

In der bäuerlichen
Küche sorgte Wiesen-
bärenklau früher für
Abwechslung bei Kar-
toffelgerichten, die
durch ihn einen frischen
Geschmack erhalten.

● **Medizinische Wirkung** In der Volksheilkunde wird der Wiesenbärenklau von alters her als Tee gegen Durchfall, Blähungen, aber
auch als Hustenmittel empfohlen.

● **Verwendung in der Küche** Die Pflanze harmoniert besonders gut
mit Kartoffeln. Im bäuerlichen Haushalt wurden früher alte Lager-
kartoffeln im Frühjahr mit Bärenklaupüree »aufpoliert«. Fein gehackte Blätter kann man für Salate verwenden. Ansonsten eignet
sich Wiesenbärenklau für alle Variationen von Suppen, Eintöpfen,
Gemüsen, Aufläufen und Füllungen.

Wiesenbocksbart *(Tragopogon pratensis)*

Die Pflanze wird etwa 40 bis 80 Zentimeter hoch und hat gelbe,
strahlenförmige Blüten. Die Verwendung des Bocksbarts in der
Küche geht bis in die Zeiten der Römer zurück, die in ihm eine Delikatesse sahen. Als dann andere Wurzelgemüse in Mode kamen,
wurde der Wiesenbocksbart einfach vergessen. An den Blüten kann
man die Zeit ablesen. Sie öffnen sich um 8 Uhr morgens und
schließen sich wieder um 14 Uhr. Seinen Namen hat der Wiesenbocksbart von seinen abgestorbenen Blüten erhalten, die wie der
Bart eines Geißbocks aus dem Blütenkörbchen nach unten hängen.
Geschlossene Blüten sehen aus wie eine kleine Lanze.

● **Fundorte** Nährstoffreiche Wiesen und Weideland, aber auch
Halbtrockenrasen bevorzugt der Wiesenbocksbart.

● **Blütezeit** April bis Oktober.

● **Sammelzeit** Von April bis in den November.

● **Medizinische Wirkung** Man sagt dem Wiesenbocksbart in der
Volksmedizin eine entwässernde und schweißtreibende Wirkung
nach. Die Wurzel enthält Inulin und sollte als Mahlzeit bei Diabeti-
kern besonders oft auf dem Speiseplan stehen.

Der Wiesenbocksbart ist
leicht mit anderen gelb
blühenden Pflanzen zu
verwechseln. Nur wer
ihn sicher kennt, sollte
ihn in der Küche ver-
wenden.

● **Verwendung in der Küche** In der Küche kann man alle Teile der
Pflanze verwenden. Die Stängel lassen sich komplett mit dem Blütenkörbchen braten und erinnern vom Geschmack her etwas an
Endiviensalat. Die Wurzeln kann man zubereiten wie Schwarzwurzeln oder Löwenzahnwurzeln (Seiten 79, 83, 86): Sie werden auch
gebraten, frittiert oder in Teig ausgebacken.

Wiesenknöterich → Knöterich Seite 33f.

Wiesenknopf, Kleiner und Großer
(Sanguisorba minor und Sanguisorba officinalis)

Wiesenknopf gehört zu den Rosengewächsen; der Kleine Wiesenknopf wird 20 bis 70 Zentimeter, der Große Wiesenknopf bis zu einen Meter hoch. Charakteristisch sind die kugelförmigen roten Blüten an dünnen Stängeln. Die Blätter bilden eine Rosette.

● **Fundorte** Wiesenknopf wächst auf Moorwiesen und Fettwiesen, an Wegrändern und auf kalkreichen Böden.

● **Blütezeit** Juli bis September.

● **Sammelzeit** Die Blätter werden von April bis Juli für frische Salate geerntet, die ganze Pflanze zum Trocknen für Tees.

● **Medizinische Wirkung** Früher wurde das Kraut zur Blutstillung sowie gegen Durchfall und Nierenleiden eingesetzt.

● **Verwendung in der Küche** Seit jeher ist der Wiesenknopf ein beliebtes Gewürzmittel für Salate und süßsauer eingelegte Früchte. Der Geschmack erinnert an Borretsch oder Gurken. Als Salatbeigabe eignet er sich für alle Gurken- und Kürbisgerichte.

Wilder Spinat → Weißer Gänsefuß/Melde Seite 52f.

Zinnkraut (Equisetum arvense)

Im Frühjahr treibt das Zinnkraut, auch Achterschachtelhalm genannt, aus einem waagrecht im Boden liegenden Wurzelstock senkrecht aufragende Sporentriebe, die wie Gelenke ineinander geschachtelt sind. Ihren Namen Zinnkraut hat die Pflanze daher, dass man früher das Zinngeschirr mit dem Kraut geputzt und poliert hat.

● **Fundorte** Zinnkraut wächst auf Ackerland, an Grabenrändern, Bahndämmen und Böschungen.

● **Blütezeit** März bis April.

● **Sammelzeit** Die jungen Triebe werden im Frühsommer geerntet.

● **Medizinische Wirkung** Durch den Wirkstoff Kieselsäure eignet sich der Tee bei rheumatischen Beschwerden, bei Gicht und chronischem Husten. Auch als Nieren- und Blasentee wird das Zinnkraut in der Volksmedizin empfohlen.

● **Verwendung in der Küche** Aus dem Zinnkraut lässt sich ein wohlschmeckender Honig und auch Sirup herstellen, der Schwarzem Tee eine besondere Note verleiht.

Eine interessante Geschmacksnuance bietet ein Sirup mit Zinnkraut nach dem auf Seite 121 vorgestellten Grundrezept.

Zipperleinskraut → Giersch Seite 22ff.

Zitronenmelisse

Jeder kennt den Melissengeist, und die Pflanze outet sich daher schon als Heilkraut. Aber auch in der Küche ist die Zitronenmelisse eine gern gesehene Salat- und Gemüsewürze. Beim Zerreiben der Blätter riecht man ein zitronenartiges Aroma, das wie Erfrischungstücher riecht. Die Pflanze vermehrt sich durch Stockteilung. Im Herbst sterben die alten Triebe ab, und im April kommen die neuen, zarten Triebe, die man ab dem ersten Erscheinen verwenden kann. Zitronenmelisse ist eine vorzügliche Bienenweide und gedeiht besonders gut im Halbschatten.

● **Fundorte** Im eigenen Garten. Einmal angesät, vermehrt sich die Pflanze selbstständig ohne besondere Pflege – wie eine Wildpflanze.

● **Blütezeit** Juli und August.

● **Sammelzeit** Von Mai bis Oktober die Blätter, zum Trocknen die ganze Pflanze vor der Blüte.

Als Melissengeist wirkt die Zitronenmelisse gegen Magenbeschwerden und nervöse Störungen. Eine aufgekochte Brühe im Badewasser entspannt und gleicht aus.

● **Medizinische Wirkung** Melisse hat eine beruhigende Wirkung. Früher legte man die frischen Blätter bei Kopfschmerzen und Insektenstichen auf. Melissentee wirkt wie ein Schlafmittel. Man muss ihn allerdings stärker brauen als andere Tees, um den Effekt zu erzielen.

● **Verwendung in der Küche** Frische Melissenblätter sind ein ausgezeichnetes Gewürz für Salate, Saucen, Gemüse, Eintöpfe und Suppen. Man gibt sie kurz vor dem Servieren fein gehackt hinzu und kocht sie nicht mit. Aus Melisse lässt sich ein guter Honig und Sirup herstellen, der durch zitronenartige Frische gekennzeichnet ist; auch ein ausgezeichneter Kräuteressig (Seite 134) lässt sich mit ihr ansetzen. Melisse eignet sich darüber hinaus für alle Arten von Süßspeisen, beispielsweise für Obstsalat, Milchpudding und generell als Ersatz für geriebene Zitronenschale beim Backen.

GUTE-NACHT-TEE

4 TL getrocknete Zitronenmelisse • 1/2 l Wasser

Die frischen Blätter mit kochendem Wasser überbrühen, etwa 5 Minuten ziehen lassen, abseihen. Beruhigt die Nerven.

Rezepte mit Wildpflanzen

Im folgenden Teil dieses Buches finden Sie eine Reihe von Rezepten
für die Zubereitung von Wildpflanzen. Wenn Sie variieren möchten,
können Sie diese Rezepte, die sich ohne weiteres auch für andere
Wildpflanzen eignen, beliebig abwandeln.

Wofür die Brennnessel gut ist, das schadet auch dem Löwenzahn
oder dem Giersch nicht – beziehungsweise Ihnen als Fein-
schmecker, der sich auf die »wilden« Gemüse verlegt hat. Sie sollten
nur darauf achten, dass Sie nicht zu viel von einer Wildpflanzensor-
te ständig essen, denn jede Pflanze hat diverse medizinische Wirkungen. Das ist zwar auch bei den Kulturpflanzen so, aber Wildkräuter haben wesentlich mehr wirksame Bestandteile. Sie müssen
sich nur einmal in den Drogerien die vielen Teesorten aus der Natur
ansehen und wofür sie jeweils eingesetzt werden! Da wird Ihnen
schnell klar, dass es sich hier oft um richtige Drogen handelt.

Mit ihren Pflanzen stellt uns die Natur eine Apotheke zur Verfügung,
in der es für viele Krankheiten das passende Heilkraut gibt. Ande-
rerseits: Die Lebenserwartung der Menschen hat sich durch die
Fortschritte der Schulmedizin wesentlich erhöht. In früheren Zeiten
hatten die Menschen nur ihre Kräutlein und wurden in der Regel nur
40 Jahre alt. Beides zusammen aber kann einen Sinn ergeben.

**Wildpflanzen zuzube-
reiten ist ein Vergnü-
gen, das sich nicht so
schnell erschöpft, denn
es gibt so viele verschiedene Pflanzen, mit de-
nen sich immer wieder
etwas Neues ausprobie-
ren lässt.**

*Wiesenbewohner haben
es in sich: Im Gegensatz
zu den Kulturpflanzen
kämpfen wilde Pflanzen
ständig um Licht und
Nahrung. Der Effekt: In-
tensiveres Aroma und
stärkere Wirkstoffe.*

Mit gesunder Naturkost – und die muss nicht eintönig und langweilig sein, wie dieses Kochbuch beweist – kann man sein eigenes Wohlbefinden fördern. »Das hat Saft und Kraft« – auch dieses Sprichwort wurde im Zusammenhang mit Wildkräutern geprägt.

Mit viel Phantasie kochen

Die folgenden Rezepte sind als Anregungen zu verstehen; das bedeutet, dass Sie sich nicht sklavisch an die dort gemachten Angaben halten müssen. Kochen hat etwas mit Experimentieren und Forschen, mit Kreativität und Neugierde zu tun. Machen Sie ruhig Ihre eigenen Erfahrungen mit den Kräutern und Pflanzen, die im ersten Teil des Buches beschrieben sind und in den Rezepten gar nicht auftauchen. Probieren Sie das eine oder andere einfach einmal aus. Solange Sie keine giftigen Pflanzen wie Schierling oder Maiglöckchen essen, kann relativ wenig passieren, wenn Sie die Pflanzen sicher kennen und bestimmen können.

Also noch einmal: Alle im nachfolgenden Rezeptteil vorgestellten Gerichte sind Vorschläge und kein Evangelium. Bewusst wurde darauf verzichtet, exakte Angaben über Gewürze oder Gewürzmengen zu machen, denn die Geschmäcker sind verschieden, und jeder kennt seine Vorlieben. Es gibt Leute, denen wird von Anis, Kümmel oder Fenchel übel, andere wiederum möchten von Kokos nichts wissen oder empfinden Knoblauch als unangenehm. Also: Würzen Sie nach eigenem Gutdünken. Das wichtigste Gebot: Es muss allen schmecken, die an einem »wilden« Schlemmermahl teilnehmen.

Das Schöne am Kochen ist ja, dass wir aus Zutaten neue Gerichte kreieren können. Für den Hobbykoch bietet sich dabei die Wildpflanzenküche als großes Experimentierfeld an.

Tipps zum Verfeinern und Würzen

In vielen Rezepten finden Sie die Zutat »Schmand«, und das hat folgenden Grund: Man kann auch genauso gut sauren Rahm oder Crème fraîche nehmen, doch ist deren Haltbarkeit wesentlich geringer als die von Schmand, denn es handelt sich dabei um einen H-Rahm, der sich lange hält und auf Vorrat bereitgehalten werden kann. Er ist also sofort verfügbar, wenn ein Streifzug durch Wald und Wiesen wieder einmal reichlich Beute gebracht hat und auf sofortigen Verzehr wartet. Sie können natürlich auch andere Rahmsorten oder Joghurt verwenden, vor allem wenn Sie leichte Küche bevorzugen. Ähnlich verhält es sich mit Gewürzmischungen. Sie sind natürlich nicht jedermanns Sache, aber sie ha-

58

ben einen Vorteil: Variationen gibt es in jedem Supermarkt, egal, ob griechische, mexikanische, indische oder italienische Länderspezialitäten. Ein solcher Vorrat ist immer zur Hand und kann jederzeit zum Würzen phantasievoller Wildkräuterkreationen eingesetzt werden. Mehr Vergnügen bereitet es allerdings, sich auf einer Runde durch den Garten von frischen Kräutern zum Würzen anregen zu lassen oder sich vom Balkonkasten Gewürze zu holen – hier können Sie dann wirklich zum kreativen Wildkräuterkoch werden.

Freude am Naheliegenden

In diesem Buch haben wir uns ganz bewusst darauf beschränkt, Ihnen Rezepte mit Wildpflanzen vorzuschlagen, die in Ihrer unmittelbaren Nähe auf Wald und Wiesen stehen und in so üppigen Mengen wachsen, dass man keine Sorge haben muss, der Natur zu schaden. Wollen Sie nämlich Wildpflanzen als Gemüse dünsten, brauchen Sie für mehrere Personen eine ziemlich große Menge an rohen Pflanzen, denn Sie fallen beim Kochen stark zusammen.

VORSICHT!

Verwenden Sie nicht zu oft nur eine Pflanzensorte in Ihrer Küche. Hier gilt das Sprichwort »Allzu viel ist ungesund«. Essen Sie Huflattich in rauen Mengen, werden Sie Ihren Husten bestimmt los, aber die starken ätherische Öle und Stoffe in Wildpflanzen können bei zu hoher Dosierung auch schädlich sein!

So viele Wildpflanzen brauchen Sie

Wenn nicht anders angegeben, dann gelten alle Rezepte in diesem Buch für vier Personen. Bei der Verwendung als Rohkost kann man die gepflückte Menge an Pflanzen meist gut abschätzen.
Anders verhält es sich dagegen beim Kochen. Da wundert man sich schon manchmal, wie wenig von einem riesigen Berg Brennnesselblätter oder Giersch nach dem Dünsten übrig bleibt. Wer ganz sicher gehen will, dass die Menge an Pflanzen auch reicht, sollte die geernteten Blätter vor dem Kochen wiegen: Man rechnet etwa 100 Gramm pro Person für eine Portion als Gemüsebeilage und etwa 300 Gramm für ein Vollwertgericht.

Für Rohkostgerichte brauchen Sie wenig Wildgemüse, zum Kochen eine relativ große Menge.

Salate, Rohkost & Vorspeisen

Kaum etwas ist gesünder als Rohkost – und das ist selbstverständlich auch in der Wildpflanzenküche nicht anders als bei der herkömmlichen Gemüsezubereitung. Warum nicht einmal ein kleines Gericht für zwischendurch, einen knackigen Salat oder eine deftige, überraschend schmeckende Suppe aus der Fülle der Wildkräuter zubereiten? Sie werden sehen, wie schnell das geht und wie köstlich es schmeckt. Lassen Sie Ihrer Phantasie freien Lauf, und kombinieren Sie, was Ihnen Jahreszeit und Sammelglück in die Hände spielen. Und wenn Sie eine mehrgängige Speisenfolge planen, ist eine Vorspeise aus Wildgemüsen oder eine Suppe, die mit Wildkräutern verfeinert wird, ein köstliches Entree. Ihre Gäste werden erstaunt sein, was Sie alles aus »Unkraut« zaubern können.

WALD- UND WIESENQUARK

Zutaten

500 g Speisequark • 4 EL süße Sahne • 1 Zwiebel • 1 EL Brunnenkresse
Salz • Pfeffer aus der Mühle • weitere Gewürze nach Wahl
Zum Dekorieren *Schnittlauch oder Petersilie • Löwenzahnblüten • Gänseblumchen oder Ringelblumen*

Zubereitung

● **Schritt 1** Den Speisequark zusammen mit der Sahne in einer Schüssel glatt rühren.

● **Schritt 2** Zwiebel schälen und fein schneiden, Brunnenkresse schneiden und ebenfalls fein schneiden. Beides unter die Quarkmasse mischen und alles mit Salz, Pfeffer und Gewürzen Ihrer Wahl abschmecken.

● **Schritt 3** Die Mischung zudecken und im Kühlschrank 1 Stunde ziehen lassen.

● **Schritt 4** Mit Gewürzen und Blüten dekorieren.

Diese Dekoration aus den farbenprächtigen Blüten von Löwenzahn, Ringelblume und Kräutern sieht nicht nur hübsch aus, sondern man kann sie tatsächlich auch essen!

→ **Gundermann Seite 24**
→ **Guter Heinrich Seite 25**
→ **Weißer Gänsefuß/ Melde**
Seite 52

MELDE MIT SPECK

Zutaten

1 kg Weißer Gänsefuß/ Melde oder Gundermann • 2 l Wasser
200 g durchwachsener Speck • 3 Zweiglein Gundermann • 1 TL Salz
2 TL Wildkräutersirup (Rezept Seite 121) • Pfeffer aus der Mühle • 3 EL Essig
3 EL trockener Weißwein • 2 EL Wildkräuteröl (Rezept Seite 133) • Wildkräuter
nach Geschmack

Zubereitung

● **Schritt 1** Weißen Gänsefuß/ Melde in Streifen schneiden und das Wasser zum Kochen bringen.
● **Schritt 2** Wenn das Wasser kocht, Weißen Gänsefuß/ Melde zugeben und 2 bis 4 Minuten blanchieren.
● **Schritt 3** Den Speck in kleine Würfel schneiden und in einer Pfanne knusprig ausbraten.
● **Schritt 4** Gundermann klein schneiden.
● **Schritt 5** Das Salz mit dem Wildkräutersirup, dem Pfeffer, dem Essig, dem Weißwein und dem Öl zu einer Vinaigrette verrühren, Gundermann unterrühren.
● **Schritt 6** Weißen Gänsefuß/ Melde in einer Schüssel mit der Sauce mischen, Speckwürfel mit dem Fett darüber gießen.
● **Schritt 7** Den Salat etwa 2 Stunden zugedeckt bei Raumtemperatur durchziehen lassen.
● **Schritt 8** Mit fein gehackten Wildkräutern bestreut servieren.

BÄRLAUCH-KARTOFFEL-GEMÜSE

→ **Bärlauch Seite 11**

Zutaten

700 g Kartoffeln • 300 g Möhren • 1/4 l Gemüsebrühe • 2 Frühlingszwiebeln
1 Knoblauchzehe • 300 g Bärlauch • 3 EL Wildkräuteröl (Rezept Seite 133)
Salz • Selleriesalz • Cayennepfeffer • Pfeffer aus der Mühle

Zubereitung

● **Schritt 1** Die Kartoffeln schälen, waschen und klein würfeln. Die Möhren waschen und in dünne Stifte schneiden. Dazu eignet sich auch eine entsprechende Küchenreibe.
● **Schritt 2** Kartoffeln und Möhren mit der Gemüsebrühe zum Kochen bringen und etwa 20 Minuten garen.
● **Schritt 3** Die Frühlingszwiebeln in Ringe schneiden, den Knoblauch abziehen und fein hacken.

- **Schritt 4** Den Bärlauch in Streifen schneiden.
- **Schritt 5** Das Öl in einer Pfanne erhitzen und die Zwiebelringe und Knoblauchwürfel darin glasig anbraten. 2/3 des Bärlauchs dazugeben und etwa 5 Minuten mitbraten.
- **Schritt 6** Das angebratene Gemüse in den Eintopf geben, alles gut durchmischen, mit Salz und Cayennepfeffer abschmecken und mit Pfeffer aus der Mühle verfeinern.
- **Schritt 7** Den Eintopf vor dem Servieren mit den restlichen Bärlauchblättern bestreuen.

Zum Verfeinern der Suppe wird durchwachsener Speck in der Pfanne angebraten und vor dem Servieren über die Suppe gegeben. Als Einlage eignen sich kräftige in Scheiben geschnittene Würste.

SPITZWEGERICHSALAT

Zutaten

200 g Spitzwegerichblätter (Breitwegerich oder andere Wildgemüse als Alternative) • Salz • 2 EL Öl • etwa 1/2 TL Zitronensaft oder Wildkräuteressig (Rezept Seite 134f.) • Thymianblätter • Selleriesalz • Pfeffer aus der Mühle

Zubereitung

- **Schritt 1** Die Spitzwegerichblätter gut abspülen und etwa 15 Minuten in Salzwasser einlegen.
- **Schritt 2** Die Spitzwegerichblätter nach Belieben ganz lassen oder klein schneiden und in einer Schüssel anrichten.
- **Schritt 3** Das Öl mit Zitronensaft (nach Belieben mit Wildkräuteressig), Thymian, Salz und Pfeffer zu einer Salatsauce verrühren.
- **Schritt 4** Dressing über den Salat gießen und alles mischen. Sofort servieren.

→ **Spitzwegerich Seite 46**
→ **Thymian Seite 46**

Auch Guter Heinrich oder Frauenmantel eignen sich statt Spitzwegerich für diesen köstlichen Salat.

LÖWENZAHNSALAT MIT SPECK UND BÄRLAUCH

Zutaten

1 große Schüssel Löwenzahnblättchen • 150 g durchwachsener Speck 5 bis 6 Bärlauchblätter • 4 EL Wildkräuteressig (Rezept Seite 134f.) • Salz Pfeffer aus der Mühle • 4 EL Sesam- oder Walnussöl • Gänseblümchen zum Dekorieren

→ **Bärlauch Seite 11**
→ **Löwenzahn Seite 36**

Zubereitung

- **Schritt 1** Den Löwenzahn gut waschen und alle dunkelgrünen Blätter aussortieren; Blätter in einem Sieb abtropfen lassen.

● **Schritt 2** Den Speck in kleine Würfel schneiden und in einer Pfanne auslassen. Der Speck sollte glasig sein, auf jeden Fall nicht zu sehr gebräunt werden.

● **Schritt 3** Bärlauchblätter fein schneiden, zum Speck geben und ebenfalls kurz andünsten lassen.

● **Schritt 4** Den Löwenzahn in einer Salatschüssel mit dem Essig übergießen, Salz, Pfeffer und Sesam- oder Walnussöl dazugeben, gut vermischen.

● **Schritt 5** Vor dem Servieren den Speck mit Bärlauch über den Salat verteilen, mischen und mit Gänseblümchen verzieren.

Wenn man noch einige gekochte Kartoffeln in den Löwenzahnsalat schneidet und steirisches Kürbiskernöl verwendet, hat man Steirischen Röhrlsalat, eine Spezialität aus Graz und Umgebung.

Natürlich können Vegetarier auch auf den Speck verzichten. In den Reformhäusern werden genügend fleischlose Alternativen angeboten, sogar vegetarischer Schinken. Den sollte man allerdings frühzeitig zusetzen, damit er etwas ziehen kann.

Der Salat schmeckt auch fein, wenn man statt Speck Toastcroûtons oder Sonnenblumenkerne, Kürbiskerne und Nüsse kurz ohne Fett röstet und darüber streut. Neben Gänseblümchen kann man andere Wildkräuterblüten, beispielsweise Taubnesselblüten oder Löwenzahnblüten, zum Dekorieren verwenden. Sehr hübsch sehen auch Veilchen-, Bärlauch- oder Apfelblüten aus.

LINDENBLÄTTERSALAT MIT VOGELBEER-DRESSING

Zutaten

600 g frische Lindenblätter • 50 ml Sesamöl •500 g Gemüse wie Möhren, Chinakohl oder Paprika • 2 TL Sojasauce • 50 ml Wildkräuteressig (Rezept Seite 134f.) • 5 EL Vogelbeermarmelade (Grundrezept Seite 120f.) • 2 TL Honig • 50 ml Wasser • Zitronensaft • Salz Pfeffer aus der Mühle • Kräuter nach Geschmack

→ Lindenblätter Seite 35
→ Vogelbeere Seite 48

Zubereitung

● **Schritt 1** Lindenblätter waschen und abtropfen lassen.

● **Schritt 2** Das Öl in einer Pfanne erhitzen und die Lindenblätter hineingeben. Kurz andünsten.

● **Schritt 3** Das restliche Gemüse waschen, klein schneiden, kurz mitdünsten und alles mit Sojasauce und der Hälfte des Essigs ablöschen.

● **Schritt 4** Die Gemüsemischung kurz aufkochen lassen und dann in eine Schüssel geben.

● **Schritt 5** Die restlichen Zutaten hinzugeben und untermengen.
● **Schritt 6** Den Salat abkühlen lassen und nach Belieben mit Salz,
Pfeffer und frischen Kräutern würzen.

Tipp für einen Snack: Sie können die zarten Lindenblätter auch roh
als herzhaften Belag auf ein Butterbrot geben.

BRENNNESSELSALAT

Zutaten
*200 g zarte Brennnesselblätter • 1 EL Joghurt • 1 EL Sahne • 1 EL Mayonnaise
Zitronensaft • 1 Prise Zucker • einige Zweige Gundermann • Schnittlauch und
Petersilie nach Belieben*

Zubereitung
● **Schritt 1** Die Brennnesselblätter verlesen, waschen und eine
1/4 Stunde in kaltes Wasser legen. Gut abtropfen lassen und auf einem Küchentuch trocknen lassen.
● **Schritt 2** Aus Joghurt und den übrigen Zutaten eine Salatsauce
rühren, über die Brennnesselblätter geben und alles mischen.
● **Schritt 3** Gundermann und andere frische Kräuter nach Wahl fein
hacken, den Salat damit bestreuen und servieren.

Lindenblätter
schmecken am besten
jung, etwa zehn Tage,
nachdem sie sich entfal-
tet haben. Achten Sie
darauf, dass keine Läuse
auf den Blättern sitzen,
die mögen Lindenblät-
ter nämlich auch beson-
ders gern.

→ **Brennnessel Seite 14**
→ **Gundermann Seite 24**

*Ungewöhnlich schmack-
haft: Lindenblättersalat
mit Vogelbeerdressing und
Gänseblümchen garniert.*

> **TIPP**
>
> Um der Brennnessel die Brennkraft zu nehmen, gibt es bei Roh-
> kostspeisen zwei Möglichkeiten: Entweder legt man die Blätter
> eine Viertelstunde in kaltes Wasser, oder man überbrüht sie kurz
> mit heißem Wasser. Beim Kochen vergeht die Brennkraft der
> Brennnesselblätter ohnehin.

BEIFUSS-KOHLRABI-SALAT

Zutaten

*2 Kohlrabi • 1 gehäufter TL zerkleinerter frischer Beifuß • 1 EL Wildkräuteröl
(Rezept Seite 133) • Zitronensaft • Salz • Pfeffer aus der Mühle • 1 EL gehackter Schnittlauch • nach Belieben Petersilie oder Giersch*

Zubereitung

→ **Beifuß Seite 12**
→ **Giersch Seite 22**

● **Schritt 1** Die Kohlrabi schälen und in Streifen schneiden.
● **Schritt 2** Den Beifuß in einer Salatschüssel etwas zerdrücken
und mit dem Wildkräuteröl vermischen.
● **Schritt 3** Den Zitronensaft unter die Beifußblätter mischen und
alles mit Salz und Pfeffer abschmecken.
● **Schritt 4** Kohlrabi dazugeben und gut mischen. Etwas durchziehen lassen und mit gehacktem Schnittlauch, Petersilie oder Giersch
bestreut servieren.

**Statt Kohlrabi kann
man jedes andere Kohl-
gemüse verwenden.
Probieren Sie dieses Re-
zept auch einmal mit
Zucchini oder gebrate-
nen Auberginen.**

Statt Kohlrabi lassen sich ebenso andere Gemüsesorten verwenden, die Kohlgeschmack besitzen. Der Geschmack des Beifuß
kommt in diesem Gericht besonders gut zur Geltung, auch wenn er
bisher ausschließlich als Gewürz für fette Geflügelbraten internatio-
nal zu Ehren gelangt ist. Aus Beifuß lässt sich ein guter Schnaps
brennen – schließlich ist Beifuß ja ein Bruder des Wermuts!

BÄRLAUCHGRATIN

Zutaten

→ **Bärlauch Seite 11**

*400 g Bärlauch (alternativ können Sie statt Bärlauch nach Belieben auch
Giersch oder ein anderes Wildgemüse verwenden) • Salz • 4 Eiweiße • 4 Eigelbe • 150 g Frischkäse • 100 g geriebener Emmentaler • Pfeffer aus der Mühle
1 EL Wildkräuteröl (Rezept Seite 133)*

Zubereitung

● **Schritt 1** Den Bärlauch waschen, putzen und in feine Streifen schneiden. In kochendem Salzwasser etwa 2 bis 3 Minuten blanchieren.

● **Schritt 2** Eiweiß mit dem Handrührgerät steif schlagen.

● **Schritt 3** Die Eigelbe mit dem Frischkäse und dem Emmentaler verrühren und den Eischnee unterheben. Mit Salz und Pfeffer abschmecken.

● **Schritt 4** Eine Gratinform (oder andere feuerfeste Form) mit etwas Öl auspinseln, die Käsemasse hineingeben und den Bärlauch darunter mischen.

● **Schritt 5** Im vorgeheizten Backofen bei etwa 180 °C (Umluft 160 °C; Gas Stufe 2–3) 25 bis 30 Minuten backen. Heiß servieren.

Bei diesem Gratin gibt es viele Variationsmöglichkeiten. Mit Bärlauch – wie hier vorgeschlagen – wird der Auflauf herzhaft mit einem würzigen Knoblauchgeschmack. Wenn man Giersch dafür verwendet, ist er etwas milder und erhält mit kräftigen Gewürzen abgeschmeckt eine besondere Note. Und auch der Frischkäse ist nicht zwingend notwendig, sondern lässt sich durch Sahne, Schmand, Sauerrahm oder Crème fraîche ersetzen. Sie sehen, auf der Basis eines solchen Gratin-Grundrezepts sind den Abwandlungsmöglichkeiten kaum Grenzen gesetzt.

Gratins lassen sich mit fast allen Wildkräutern backen: Nudeln oder Kartoffeln in die feuerfeste Form lageweise mit den Kräutern schichten. Statt Frischkäse eignet sich auch Schmand oder saurer Rahm.

Ein Auflauf der anderen Art: Bärlauchgratin mit Käse überbacken.

67

Wildkräutersuppen & herzhafte Saucen

Wildkräuter verleihen nicht nur altbekannten Speisen neue, ungewohnte Geschmacksnuancen, sondern mit Wildpflanzen lassen sich auch neue Gerichte kreieren. Suppen und Saucen schmecken exotisch, ohne dass man in fremde Länder fahren muss, denn nie Geschmecktes kommt auf diese Weise auf den Tisch.

WILDKRÄUTER-MINESTRONE

Zutaten
100 g Löwenzahnblätter • 100 g Giersch • 100 g Breitwegerich • 100 g Kartoffeln • 100 g Möhren • 100 g Lauch • 4 EL Olivenöl • 1 Dose Erbsen • 1,5 l Geflügelbrühe • 1 Sträußchen Petersilie • 1 kleine Zwiebel • 1 Knoblauchzehe 100 g durchwachsener Speck • 4 Tomaten • 100 g gegarter Reis • Salz Pfeffer aus der Mühle • 100 g geriebener Parmesankäse

Zubereitung
● **Schritt 1** Löwenzahn, Giersch und Breitwegerich waschen.
● **Schritt 2** Kartoffeln schälen und würfeln, die Möhren schälen und würfeln. Den Lauch in Ringe schneiden. Man kann auch die dunkelgrünen Teile verwenden.
● **Schritt 3** Das Öl in einem Topf erhitzen, das vorbereitete Gemüse sowie die abgetropften Erbsen darin etwa 3 Minuten anbraten und dann beiseite stellen.
● **Schritt 4** Die Brühe erhitzen, die Petersilie klein schneiden und dazugeben.
● **Schritt 5** Das angebratene Gemüse in die Brühe geben und alles etwa 30 Minuten kochen lassen.
● **Schritt 6** Zwiebel und Knoblauchzehe abziehen und würfeln.
● **Schritt 7** Den Speck klein schneiden und auslassen.
● **Schritt 8** Die Zwiebel und Knoblauchzehe zum Speck geben und glasig braten.
● **Schritt 9** Die Tomaten häuten und würfeln.
● **Schritt 10** Den Reis, die Tomaten, Zwiebel- und Knoblauchwürfel zusammen mit dem Speck mit der Suppe vermischen.

Schritt 11 Die Minestrone mit Salz und Pfeffer abschmecken, den geriebenen Parmesan darüber streuen und mit gehackten Wildkräutern servieren.

Von dieser Suppe kann man ruhig größere Mengen zubereiten, denn sie hält sich eingefroren mindestens ein halbes Jahr, ohne an Geschmack zu verlieren. Die Minestrone ist eine komplette Mahlzeit.

SAUERKLEESUPPE

Zutaten

→ **Giersch Seite 22**
→ **Gundermann Seite 24**
→ **Sauerklee Seite 44**

2 Zwiebeln • 300 g Kartoffeln • 3 EL Öl • 1 l Fleischbrühe • 200 g Sauerkleeblätter • 100 g Giersch • 2 Zweige Gundermann • Salz • Pfeffer aus der Mühle 1 Eigelb • 1/8 Becher Sahne • 1 Becher Schmand

Zubereitung

Schritt 1 Die Zwiebeln abziehen und fein schneiden. Die Kartoffeln schälen, waschen und würfeln.

Schritt 2 Das Öl erhitzen und die Zwiebeln darin dünsten, bis sie glasig sind.

Schritt 3 Die Kartoffeln dazugeben, die Brühe darüber gießen und alles etwa 20 Minuten kochen lassen.

Sauerklee und Sauerampfer sind vom Geschmack her ähnlich und können daher in beiden Rezepten verwendet werden.

Schritt 4 Die Sauerkleeblätter, den Giersch und die Gundermannblätter waschen, gut abtropfen lassen und fein hacken. Die Wildkräuter nach 20 Minuten in die Brühe geben. Weitere 5 Minuten mitkochen lassen.

Schritt 5 Die Suppe mit Salz und Pfeffer abschmecken, die Sahne mit dem Eigelb verquirlen und die Brühe damit legieren, den Schmand hinein rühren. Mit Gundermann garnieren.

Sauerklee wächst besonders üppig auf abgestorbenen Ästen oder Baumstümpfen und liebt die Dunkelheit. Er ist leicht zu erkennen: Wenn im Wald etwas wie Klee aussieht, ist es garantiert Sauerklee.

SAUERAMPFERSAUCE

Zutaten

→ **Sauerampfer Seite 43**

100 g Sauerampferblätter • 2 EL warmes Wasser • 2 EL Öl • 1 Eigelb 2 EL süße Sahne • Salz • Pfeffer aus der Mühle

Zubereitung

● **Schritt 1** Die Sauerampferblätter waschen und abtropfen lassen. Mit dem warmen Wasser im Mixer pürieren.

● **Schritt 2** In einen Topf geben, mit Öl, Eigelb und Sahne verrühren und mit Salz und Pfeffer abschmecken.

Einen ähnlichen Geschmack erhält man, wenn man statt Sauerampfer Sauerklee verwendet. Man kann dieses Rezept auch mit Bockshornklee und anderen Wildkräutern herstellen. Die Sauerampfersauce eignet sich vor allem als Fonduesauce.

→ **Gundermann Seite 24**
→ **Breitwegerich Seite 46**

WEGERICH-FRÜHLINGSSUPPE

Zutaten

*1 Zwiebel • 1 EL Öl • 1 Lorbeerblatt • 1 Brühwürfel • 2 große Kartoffeln
250 g Spitz- oder Breitwegerichblätter • 1 Knoblauchzehe • Salz
Pfeffer aus der Mühle • 3 Zweige Gundermann, fein gehackt*

Zubereitung

● **Schritt 1** Die Zwiebel in feine Ringe schneiden, das Öl erhitzen und die Zwiebel darin leicht bräunen. Das Lorbeerblatt und 1 Liter Wasser sowie den Brühwürfel dazugeben und die Suppe zum Kochen bringen.

● **Schritt 2** Die Kartoffeln schälen, würfeln und in der Suppe 10 Minuten lang mitkochen lassen.

● **Schritt 3** Breitwegerichblätter in Streifen schneiden und in den Topf geben. Weitere 10 Minuten bei kleiner Flamme kochen lassen.

● **Schritt 4** Die Suppe vom Herd nehmen, die Knoblauchzehe abziehen, zerdrücken und unterrühren.

● **Schritt 5** Die Suppe mit Salz und Pfeffer abschmecken, mit Gundermannblättern bestreut servieren.

Aus allen Wildgemüsesorten und Wildkräutern lassen sich leckere Rahmsuppen zubereiten, wobei die Suppen besonders appetitlich aussehen, wenn man die Kräuter nach dem Dünsten im Mixer püriert.

GIERSCH-RAHM-SUPPE

Zutaten

*1 Zwiebel • 750 g Gierschblätter • 1 EL Wildkräuteröl (Rezept Seite 133)
3/4 l Gemüsebrühe • 1 Becher Schmand oder saurer Rahm (wahlweise
auch Joghurt) • Salz • Pfeffer • Gewürze und Kräuter nach eigenem
Geschmack • Giersch, Schnittlauch oder Petersilie zum Bestreuen*

Zubereitung

● **Schritt 1** Die Zwiebel abziehen und würfeln. Den Giersch gut waschen und abtropfen lassen.

● **Schritt 2** Das Öl erhitzen und die Zwiebel darin andünsten, bis sie glasig ist. Danach mit Gemüsebrühe aufgießen und den Giersch hineingeben. Etwa 15 Minuten garen.

● **Schritt 3** Den Giersch in einem Sieb abtropfen lassen, aber die Kochbrühe aufheben. Das Gemüse in einem Mixer fein pürieren. Wenn man besonders zarte Gierschblätter verwendet, kann man dazu auch einen Pürierstab benutzen.

● **Schritt 4** Die pürierte Masse wieder in die Kochbrühe zurückgeben und gut verrühren.

● **Schritt 5** Den Schmand in die Suppe rühren und etwas aufkochen lassen. Mit Salz, Pfeffer und Gewürzen und Kräutern nach Wahl abschmecken.

● **Schritt 6** Mit fein gehacktem Giersch, Schnittlauch oder Petersilie bestreuen und servieren.

> Fast alle Blüten von Wildkräutern haben eine Heilwirkung und schmecken auch noch delikat. Deshalb kann man sie zur Dekoration über Salate, Gemüse und Suppen streuen.

GÄNSEFINGERKRAUTSUPPE

Zutaten

1 Zwiebel • 1 EL Wildkräuteröl (Rezept Seite 133) • 1 EL Mehl • 300 g verlesene, gewaschene und zerkleinerte Gänsefingerkrautblätter • 1 l kalte klare Brühe verschiedene Wildkräuter (Bärlauch, Gundermann, Liebstöckel, Sauerampfer, Sauerklee) • 1 Eigelb • 100 g Sahne • Salz • Pfeffer aus der Mühle • 1 Hand voll gewaschene und gut abgetropfte Blüten des Gänsefingerkrauts

→ **Bärlauch Seite 11**
→ **Gänsefingerkraut Seite 22**
→ **Gundermann Seite 24**
→ **Liebstöckel Seite 34**
→ **Sauerampfer Seite 43**
→ **Sauerklee Seite 44**

Zubereitung

● **Schritt 1** Die Zwiebel abziehen, klein schneiden, das Öl erhitzen, die Zwiebel darin glasig dünsten und mit dem Mehl bestäuben.

● **Schritt 2** Gänsefingerkrautblätter dazugeben, mit der Brühe auffüllen und alles 20 Minuten kochen lassen.

● **Schritt 3** Die Masse aus Gänsefingerkraut im Mixer pürieren und wieder in den Topf zurückschütten.

● **Schritt 4** Die Wildkräuter hinzugeben und dann das Ganze noch einmal kurz aufkochen lassen.

● **Schritt 5** Mit dem Eigelb legieren, die Sahne unterrühren, mit Salz und Pfeffer abschmecken und vor dem Servieren die Blüten über die Suppe streuen.

*Das Auge isst mit – diese
Gänsefingerkrautsuppe
wird durch eine Blüten-
garnitur auch zum
Augenschmaus.*

Besonders farbenfroh und appetitlich sieht diese Suppe mit Gänsefingerkraut aus, wenn man noch gelbe Blättchen der Ringelblumen-
blüte oder Gänseblümchenblüten darüber streut.

FRÜHLINGSSUPPE MIT WILDKRÄUTERN

Zutaten
*100 g Lauch (die ganze Pflanze) • 2 EL Wildkräuteröl (Rezept Seite 133)
10 g Butter • 1 l Gemüsebrühe • 200 g Wildkräutermischung (Bärlauch,
Brennnesseln, Frauenmantel, Giersch, Gundermann, Löwenzahn, Sauerampfer, die ganze Pflanze) • 125 g Schmand • Salz • Pfeffer aus der Mühle*

→ **Bärlauch Seite 11**
→ **Brennnessel Seite 14**
→ **Frauenmantel Seite 20**
→ **Giersch Seite 22**
→ **Gundermann Seite 24**
→ **Löwenzahn Seite 36**

Zubereitung
● **Schritt 1** Lauch putzen, in feine Streifen schneiden, in Öl, Butter
und 1 Esslöffel Wasser etwa 2 bis 3 Minuten dünsten. Mit 1 Liter
Gemüsebrühe aufgießen, etwa 15 Minuten kochen lassen.
● **Schritt 2** Wildkräuter putzen, waschen, abtropfen lassen und fein
hacken. Gemisch in die Suppe geben; nicht mehr kochen lassen.
● **Schritt 3** Den Schmand in die Suppe einrühren, mit Salz und
Pfeffer abschmecken und heiß servieren.

Brennnessel-Rahm-Suppe

Zutaten

→ **Brennnessel Seite 14**
→ **Liebstöckel Seite 34**
→ **Thymian Seite 46**

*1 Frühlingszwiebel (oder 1 Zwiebel) • 1 EL Butter oder Margarine
250 g Brennnesselblätter • 1 l klare Brühe • 1 EL Tomatenmark • Gewürze
nach Belieben (z. B. Liebstöckel, Oregano oder Thymian)• 125 g Schmand
Salz • Pfeffer aus der Mühle • geröstete Weißbrotwürfel*

Zubereitung

● **Schritt 1** Die Frühlingszwiebel fein schneiden. In einem Topf die Butter oder Margarine schmelzen lassen und die Zwiebel darin andünsten.

● **Schritt 2** Die Brennnesselblätter dazugeben und unter Rühren einige Minuten dünsten.

● **Schritt 3** Mit der Brühe aufgießen, das Tomatenmark und die Gewürze dazurühren und noch 10 Minuten leise kochen lassen.

● **Schritt 4** Schmand einrühren, mit Salz und Pfeffer abschmecken und mit gerösteten Weißbrotwürfeln bestreut servieren.

Bei dieser Suppe sollte man sparsam mit Gewürzen umgehen. Statt Zwiebeln eignet sich auch Knoblauch, allerdings wird der Eigengeschmack der Brennnessel dadurch übertönt.

Breitwegerichsuppe mit Croûtons

Zutaten

→ **Breitwegerich Seite 46**

Für Breitwegerich-suppe kann man alle We-gericharten verwenden. Natürlich eignen sich auch Giersch, Brenn-nessel und Löwenzahn für diese Suppe.

*3–4 Scheiben Weißbrot • 2 Eier • 1/8 l Milch • Salz • Pfeffer aus der Mühle
Muskatnuss • 500 g Breitwegerichblätter • 2 Knoblauchzehen • 1 EL Butter
1 l Fleisch- oder Gemüsebrühe • 1 EL Schmand • Öl oder Butter zum Braten
einige Breitwegerichblätter als Garnitur*

Zubereitung

● **Schritt 1** Das Brot würfeln und in eine Schüssel geben.

● **Schritt 2** Eier mit Milch, Salz, Pfeffer und Muskatnuss verrühren und darüber gießen, alles mischen und ziehen lassen, bis das Brot die Milch aufgenommen hat.

● **Schritt 3** Den Breitwegerich verlesen, waschen und abtropfen lassen. Die Blätter fein hacken.

● **Schritt 4** Die Knoblauchzehen abziehen, fein würfeln.

● **Schritt 5** Die Butter erhitzen. Breitwegerich und Knoblauch darin

bei mittlerer bis schwacher Hitze hellgelb andünsten. Die Brühe zugießen, aufkochen und die Suppe zugedeckt bei mittlerer Hitze
etwa 4 Minuten garen, bis der Breitwegerich bissfest ist.

● **Schritt 6** Breitwegerichblätter untermischen und die Suppe einmal kräftig aufkochen lassen.

● **Schritt 7** Den Schmand unterrühren, erhitzen und die Suppe
mit Salz und Pfeffer kräftig abschmecken.

● **Schritt 8** Während die Suppe kocht, Butter oder Öl in einer
Pfanne erhitzen. Eingeweichte Toastbrotwürfel darin bei
mittlerer bis schwacher Hitze etwa 5 Minuten braten, bis
sie goldbraun sind. Mehrmals wenden.

● **Schritt 9** Die Suppe mit einigen frischen Breitwegerichblättern dekorieren.

Das Rezept kann man auch mit Löwenzahn oder Brennnesseln,
Weißem Gänsefuß, Gutem Heinrich und Frauenmantel ausprobieren. Bewährt hat sich die Kombination mit Zucchini oder Salatgur-
ken. Mit Taubnesseln gemischt kommt der Wegerichgeschmack am
besten zur Geltung.

BREITWEGERICH-KARTOFFEL-SUPPE

Zutaten

*1 kg Kartoffeln • 200 g Breitwegerichblätter • 10 Bärlauchblätter • 1 l Gemüse-
brühe • 1 Knoblauchzehe • 150 g Schmand • Salz • Pfeffer aus der Mühle
beliebige Gewürze, z. B. Muskat • 100 g durchwachsener Speck • 1 TL Wildkräuteröl (Rezept Seite 133)*

→ **Bärlauch Seite 11**
→ **Breitwegerich Seite 46**

Zubereitung

● **Schritt 1** Die Kartoffeln schälen und klein schneiden. Die Breitwegerichblätter waschen, abtropfen lassen und in Streifen schneiden. Die Bärlauchblätter waschen, abtropfen lassen und grob
hacken. Alle Zutaten in 1/2 Liter Gemüsebrühe und mit der Knoblauchzehe etwa 20 Minuten gar kochen.

● **Schritt 2** Die restliche Gemüsebrühe und den Schmand unterrühren. Mit Salz, Pfeffer und Gewürzen nach Wahl (z. B. Muskat) abschmecken.

● **Schritt 3** Speck fein würfeln, in der Pfanne auslassen und knusprig
braten. Über die angerichtete Suppe streuen und sofort servieren.

**Zu Kartoffeln passen
alle Wildkräutergemüse
hervorragend. Mit einer
deftigen Wurst- oder
Fleischeinlage oder
herkömmlichen Gemü-
searten wie Tomaten,
Kraut, Bohnen oder
Zucchini zaubern Sie
schnell einen hervorra-
genden Eintopf.**

→ **Hirtentäschel Seite 22**
→ **Sauerampfer Seite 43**

Sehr gut schmecken auch Spitzwegerich, Frauenmantel und Wiesenknöterich. Da Kartoffeln einen relativ neutralen Geschmack haben, kommen die Wildkräuter in dieser Kombination besonders gut zur Geltung. Die Breitwegerich-Kartoffel-Suppe ist ein sehr sättigendes und preiswertes Vollwertgericht.

SAUERAMPFER-GIERSCH-SUPPE

Zutaten

100 g Sauerampfer • 50 g Gierschblätter • 2 EL Öl oder Margarine • 1 l klare Fleischbrühe • 50 g Hirtentäschel • Salz • Pfeffer aus der Mühle • geröstete Weißbrotwürfel

Zubereitung

● **Schritt 1** Die Sauerampferblätter fein schneiden und zusammen mit den Gierschblättern in Öl kurz andünsten.

● **Schritt 2** Mit der Brühe aufgießen und etwa 10 bis 15 Minuten bei kleiner Flamme kochen lassen.

● **Schritt 3** Vom Herd nehmen, das fein geschnittene Hirtentäschelkraut zugeben und mit Salz und Pfeffer abschmecken.

● **Schritt 4** Mit den gerösteten Weißbrotwürfeln servieren.

Das Rezept ist auch für eine Suppe aus Sauerklee und Gänsefingerkraut zu verwenden. Probieren Sie einfach nach Ihren persönlichen Geschmacksvorlieben verschiedene Varianten aus.

PILZRAHM-GUNDERMANN-SUPPE

Zutaten

→ **Gundermann Seite 24**

2 Zwiebeln • 200 g Gundermannblätter • 4 EL Olivenöl • 300 g Champignons, Egerlinge oder Austernpilze (bzw. gemischt) • 1 l Fleischbrühe 125 g Schmand • Salz • Pfeffer aus der Mühle • 1 Prise Muskatnuss und 1 Prise Chilipulver • 1 Becher Sahne • klein gehackte Petersilie, Schnittlauch oder Knoblauch • 1 Eigelb

Zubereitung

● **Schritt 1** Die Zwiebeln abziehen und fein schneiden. Die Gundermannblätter waschen und fein hacken.

● **Schritt 2** Das Öl erhitzen und die Zwiebeln glasig dünsten.

● **Schritt 3** Die Pilze putzen, fein schneiden und zu den Zwiebeln geben, etwa 8 Minuten braten.

● **Schritt 4** Langsam nach und nach die Brühe darüber gießen und alles etwa 20 Minuten kochen lassen.

● **Schritt 5** Den Gundermann nach etwa 20 Minuten in die Brühe geben, 1 Esslöffel Gundermann zum Dekorieren aufheben. Weitere 5 Minuten bei kleiner Flamme köcheln lassen.

● **Schritt 6** Die Suppe mit Salz und Pfeffer, Muskatnuss und Chili- pulver abschmecken, die Sahne mit dem Ei verquirlen und die Brühe damit legieren, den Schmand hineinrühren und die Suppe mit fein gehacktem Gundermann servieren. Eventuell fein gehack- ten Schnittlauch und/oder Petersilie darüber streuen.

● **Schritt 7** Wem es schmeckt, der kann noch einen Teelöffel Knob- lauch, fein gehackt, in die Suppe rühren.

Die Pilzsuppe nicht ein zweites Mal aufkochen, sondern komplett auf- essen. Eine Alternative, die aufgekocht werden kann: Pilzsuppe mit Champignons aus der Dose oder dem Glas.

Siebenbürgische Holundersuppe

Zutaten

750 g reife Holunderbeeren • 1 EL Zitronensaft • 2 EL Zucker • 1 Apfel
200 ml Weißwein • 1 EL Kartoffelstärke • 2 Scheiben geröstetes Weißbrot
oder Zwieback • 125 g Schmand

Zubereitung

● **Schritt 1** Die Holunderbeeren von den Stielen zupfen, waschen und in einen Kochtopf geben. So viel Wasser darüber gießen, bis die Beeren gut bedeckt sind.

→ **Holunder Seite 28**

● **Schritt 2** Die Beeren etwa 30 Minuten dünsten und die Brühe anschließend durch ein Sieb in einen anderen Topf gießen. Die Bee- ren durch das Sieb passieren, damit keine Kerne in der Suppe sind.

● **Schritt 3** Zitronensaft und Zucker dazugeben.

● **Schritt 4** Den Apfel schälen und in dünne Schnitze schneiden. In die Suppe geben und darin weich kochen.

● **Schritt 5** Den Wein dazu gießen und die Kartoffelstärke einrühren. Noch etwa 5 Minuten auf kleiner Flamme kochen lassen.

● **Schritt 6** Den Schmand einrühren und auflösen lassen.

● **Schritt 7** Das geröstete Weißbrot in kleine Würfel schneiden oder den Zwieback in Stückchen bröckeln und über die Suppe streuen. Die heiße Suppe sofort servieren. Als Suppen- einlage eignen sich hier auch Quarkknödel sehr gut.

Gemüse, Auflauf, Nudeln & Co.

Nun kommen wir zu den Hauptgerichten. Sie sehen – Wildkräuter sind so vielseitig, dass man mit ihnen ohne jede Mühe ein komplettes Menü zusammenstellen kann. Zudem lassen sich die hier vorgestellten Rezepte immer neu mit anderen Wildkräutern variieren.

GUNDERMANN-BÄRLAUCH-OMELETT

Zutaten

2 Löwenzahnwurzeln • 100 g Joghurt • 50 g Schmand • Chilipulver • Salz Pfeffer aus der Mühle • 1 Avocado • 4 Eier • 50 ml Milch • 6 Zweige Gundermann • 6 Blätter Bärlauch • 2 EL Butter • 150 g geriebener Emmentaler 4 fertige Tortillas

Zubereitung

● **Schritt 1** Die Löwenzahnwurzeln gut waschen und abbürsten, in feine Streifen schneiden.

● **Schritt 2** Den Joghurt mit dem Schmand in einer Schüssel verrühren. Die Löwenzahnwurzeln untermischen und das Ganze mit Chilipulver, Salz und Pfeffer abschmecken.

● **Schritt 3** Die Avocado entkernen, schälen und das Fruchtfleisch mit einer Gabel zerquetschen.

● **Schritt 4** Die Eier mit der Milch, Salz und Pfeffer in einer Schüssel verrühren. Den Gundermann und den Bärlauch fein hacken.

● **Schritt 5** Avocado und Wildkräuter vermischen, beides unter die verquirlten Eier rühren.

● **Schritt 6** Die Butter in einer Pfanne erhitzen und darin insgesamt vier Omeletts ausbacken.

● **Schritt 7** Die Omeletts mit der Joghurt-Löwenzahn-Sauce auf vier Tellern anrichten und zusammen mit den Tortillas servieren.

Die Kombination von Wildkräutern und Eiern harmoniert besonders gut. Wenn man noch exotische Gewürze, z. B. Basilikum, Currypulver, Korianderblätter, Zitronengras oder Ingwer verwendet, zieht der Duft der großen weiten Welt durch die Frühstücksküche.

Gratinierte Brennnesseln

→ Brennnessel Seite 14

Zutaten

*500 g Brennnesselspitzen • 4 Scheiben Brot • 2 EL Butter • 2 Eier • 1 Becher
Schmand • Salz • 50 g geriebener Emmentaler • Pfeffer aus der Mühle
30 g Wildkräuter nach Wahl*

Zubereitung

**Sie können dieses
Brennnesselrezept mit
allen anderen Arten von
Wildgemüse versuchen;
besonders geeignet
sind die »Spinatgemü-
se« Giersch und Spitz-
oder Breitwegerich.**

● **Schritt 1** Die Brennnesseln kurz mit heißem Wasser überbrühen, danach gut waschen.

● **Schritt 2** 1 Liter Wasser mit dem Salz zum Kochen bringen und die Brennnesseln hineingeben. Bei schwacher Hitze etwa 5 Minuten kochen lassen.

● **Schritt 3** Die Brennnesseln in einem Sieb abtropfen lassen und in Streifen schneiden.

● **Schritt 4** Den Backofen auf 220 °C (Umluft 200 °C; Gas Stufe 4–5) vorheizen, die Brotscheiben mit Butter bestreichen.

● **Schritt 5** Die Eier mit dem Schmand und dem Salz verquirlen.

● **Schritt 6** Butter in einer Pfanne erhitzen und die Eier mit dem Schmand stocken lassen.

● **Schritt 7** Die Brennnesseln auf den Broten verteilen und darauf die Eimasse geben.

● **Schritt 8** Den Emmentaler auf die Brote streuen.

● **Schritt 9** Die Brote auf ein Backblech legen und im Backofen auf der obersten Schiene etwa 10 Minuten überbacken, bis der Käse eine goldgelbe Kruste hat. Pfeffer darüber mahlen, mit Wildkräutern bestreuen und heiß servieren.

Giersch-Wildkräuter-Eintopf

→ Bärlauch Seite 11
→ Brennnessel Seite 14
→ Giersch Seite 22
→ Gundermann Seite 24
→ Hirtentäschel Seite 27
→ Minze Seite 37
→ Sauerampfer Seite 43
→ Spitzwegerich Seite 46
→ Vogelmiere Seite 49

Zutaten

300 g gemischte Wildkräuter (z. B. Bärlauch, Brennnessel, Gundermann, Hirtentäschel, Sauerampfer, Sauerklee, Spitzwegerich, Vogelmiere) • 500 g Giersch • 2 TL Salz • 1 Zwiebel • 2 Knoblauchzehen • 2 EL Wildkräuteröl (Rezept Seite 133) • 1 Prise Salz • 1 TL Ackerminzehonig (Rezept siehe Seite 124) 125g l saure Sahne (Schmand) • Gewürzpulver • 50 g Walnusskerne, gehackt

Zubereitung

● **Schritt 1** Die Wildkräuter und den Giersch gründlich abwaschen und die schlechten oder alten Blätter sorgfältig aussortieren.

● **Schritt 2** Etwa 4 Liter Wasser mit Salz zum Kochen bringen und das Gemüse hineingeben. Insgesamt 3 Minuten blanchieren.

● **Schritt 3** Das Gemüse in einem Sieb abtropfen lassen und anschließend grob hacken.

● **Schritt 4** Die Zwiebel und die Knoblauchzehen abziehen und in feine Würfel schneiden.

● **Schritt 5** Das Öl erhitzen und die Zwiebel mit dem Knoblauch darin glasig braten.

● **Schritt 6** Das Gemüse hinzufügen und bei schwacher Hitze etwa 7 Minuten dünsten.

● **Schritt 7** Danach das Gemüse mit dem Salz, dem Honig und der sauren Sahne oder dem Schmand mischen.

● **Schritt 8** Nach Belieben zusätzliches Gewürzpulver hinzufügen, gut durchmischen. Das Ganze mit den gehackten Walnusskernen bestreuen und servieren.

GIERSCH MIT MARONEN

Zutaten

1 kg Gierschblätter • 2 Zwiebeln • 2 EL Butter • Salz • Pfeffer aus der Mühle • Selleriesalz • Cayennepfeffer • 1/2 l Gemüsebrühe 400 g Maronen • Butter • 2 EL Zucker • 125g Sahne • Gewürze

→ **Giersch Seite 22**

Zubereitung

● **Schritt 1** Den Giersch in 2 Liter kochendem Salzwasser 5 Minuten blanchieren, abtropfen und auskühlen lassen.

● **Schritt 2** Die Zwiebeln schälen, in feine Würfel schneiden und in der Butter glasig braten.

● **Schritt 3** Gierschblätter und Zwiebeln vermischen, würzen und die Gemüsebrühe darüber gießen.

● **Schritt 4** Das Gemüse etwa eine halbe Stunde lang bei schwacher Hitze kochen lassen.

● **Schritt 5** Die Maronen am spitzen Ende kreuzweise tief einschneiden und in 2 Liter Wasser etwa 20 bis 25 Minuten sprudelnd kochen lassen.

● **Schritt 6** Anschließend die Maronen schälen.

● **Schritt 7** Die Butter zerlassen; den Zucker hineinstreuen und unter Umrühren die Masse hellbraun karamellisieren lassen. Die Maronen in der Masse mehrmals wenden und warm halten.

Statt Maronen schmecken auch Nüsse zum Gierschgemüse. Pinienkerne oder gestiftelte Mandeln sind für dieses Rezept eine weitere Alternative.

● **Schritt 8** Den Giersch mit der Sahne mischen, die Maronen unterheben und mit Gewürzen nach freier Wahl abschmecken. Giersch mit Maronen passt gut zu Fleisch, aber auch zu gedünstetem oder getrocknetem Fisch, Vegetarier können sich Tofu oder ein Sojaschnitzel dazu gönnen.

GÄNSEFINGERKRAUT-KARTOFFELNUDELN MIT GUNDERMANNBUTTER

Zutaten

→ **Gänsefingerkraut Seite 22**
→ **Gundermann Seite 24**

1 kg Kartoffeln • Salz • 6 EL Speisestärke • 5 EL Mehl • Pfeffer aus der Mühle Muskatnuss • weitere Gewürze nach Belieben • 1 Hand voll Gänsefingerkraut 5 Zweige Gundermann • 100 g Butter • Gänseblümchen zum Garnieren

Zubereitung

● **Schritt 1** Die Kartoffeln waschen und in kaltem Wasser zusetzen. Das Wasser muss die Kartoffeln bedecken. Salz hinzufügen und die Kartoffeln weich kochen.

● **Schritt 2** Nach etwa 20 bis 30 Minuten – die Kartoffeln müssen beim Einstechen mit einer Gabel weich sein – das Wasser abgießen, die Kartoffeln etwas auskühlen lassen und dann schälen. Durch eine Kartoffelpresse drücken.

Alle Gänsefingerarten sind essbar und können auch gemischt verwendet werden. Dieses Rezept schmeckt ebenfalls mit Maismehl oder Weizengries statt Speisestärke.

● **Schritt 3** Die Speisestärke, das Mehl, Salz, Pfeffer, Muskatnuss und Gewürze nach Wahl zu den Kartoffeln geben und alles zu einem sehr geschmeidigen Teig verkneten.

● **Schritt 4** Das Gänsefingerkraut waschen, abtropfen lassen, fein hacken und unter den Teig mischen.

● **Schritt 5** Aus dem Teig zigarrenförmige Rollen formen und ungefähr zwei Zentimeter breite Stücke abschneiden. Diese zu kleinen Nudeln formen.

● **Schritt 6** Die Nudeln in kochendes Salzwasser geben und so lange bei schwacher Flamme kochen lassen, bis sie an die Oberfläche steigen. Mit einem Schaumlöffel herausnehmen, unter fließendem Wasser abschrecken und gut abtropfen lassen.

● **Schritt 7** Den Gundermann abspülen, trocknen und fein hacken. Die Butter in einer großen Pfanne zerlassen und den Gundermann darin anbraten.

● **Schritt 8** Die Gänsefingerkrautnudeln zugeben und goldbraun backen. Dazu passt ein bunter Wildkräutersalat.

Salbeiblätter
steigern das Aroma

BRENNNESSELNUDELN

Zutaten

500 g Brennnesselspitzen und zarte Brennnesselblätter • 1 Dose geschälte Tomaten • 4 EL Wildkräuteröl (Rezept Seite 133) • 250 g breite Nudeln oder Spaghetti • 1 Knoblauchzehe • 1 Zwiebel • Salz • Pfeffer aus der Mühle 8 Salbeiblätter • 2 EL Butter oder Margarine

→ **Brennnessel Seite 14**
→ **Salbei Seite 42**

Zubereitung

● **Schritt 1** Brennnesseln waschen, heiß überbrühen und in dünne Streifen schneiden. Tomaten in kleine Stückchen schneiden.
● **Schritt 2** Nudeln in Salzwasser geben und mit einigen Tropfen Öl bissfest kochen.
● **Schritt 3** Knoblauch und Zwiebel abziehen und fein schneiden.
● **Schritt 4** Öl in einer großen Pfanne erhitzen. Knoblauch, Zwiebel und Brennnessel zufügen. Insgesamt etwa 5 Minuten braten. Tomaten hinzufügen.
● **Schritt 5** Mit Salz und Pfeffer würzen. Salbei im Fett anbraten.
● **Schritt 6** Nudeln abgießen und in eine Schüssel füllen. Mit dem Gemüse vermischen, rösche Salbeiblätter darüber geben und servieren.

Statt Salbeiblättern kann man neben den klassischen Würzkräutern Wildkräuter rösten. Besonders gut schmeckt dabei die Kleine Braunelle, ein »Allerweltsunkraut« (Seite 31). Zu den Nudeln passen alle Arten von Fleisch, besonders aber Rind, und Fisch.

RISOTTO MIT LÖWENZAHNWURZELN

Zutaten

6 Löwenzahnwurzeln • 1 Zwiebel • 1 Knoblauchzehe • 200 g Butter 400 g Reis • 200 ml Weißwein • 1 l Fleischbrühe, 100 g geriebener Emmentaler.

Zubereitung

● **Schritt 1** Fein gewürfelte Löwenzahnwurzeln, Zwiebel und Knoblauch in 40 Gramm Butter anbraten.
● **Schritt 2** Nach und nach die Brühe dazugeben und ebenso esslöffelweise den Reis. Etwa 2 Minuten andünsten und kurz aufkochen.
● **Schritt 3** Den Herd ausschalten und etwa 15 Minuten quellen lassen. Ab und zu umrühren. Den Wein zugeben.
● **Schritt 4** Butter und den Käse unterrühren und sofort servieren.

So stellen Sie grüne Nudeln mit Kräutern selbst her: Man rechnet ein Ei pro 100 Gramm Mehl und etwa 20 Gramm gehackte Wildkräuter. Den Teig nach Nudelrezept herstellen, Wildkräuter darunter mischen, ausrollen, schneiden und trocknen.

BREITWEGERICHRÖLLCHEN MIT ROSINENREIS

→ **Breitwegerich Seite 46**

Zutaten

175 g Reis • 50 g Rosinen • 60 g Pistazien • 1 EL Wildkräuterhonig (Rezept Seite 121) • Curry • Salz • Pfeffer aus der Mühle • 700 g Breitwegerich • 1 Zwiebel • 1 Knoblauchzehe • 3 EL Wildkräuteröl (Rezept Seite 133) • 2 EL Essig

Zubereitung

● **Schritt 1** Reis etwa 20 Minuten in Salzwasser kochen und nach 15 Minuten die Rosinen dazugeben.

● **Schritt 2** Reis abgießen und abtropfen lassen. Die Pistazien in einer Pfanne ohne Fett rösten. 1 Esslöffel davon zum Bestreuen beiseite stellen.

Statt Breitwegerich kann man für die Röllchen auch Huflattich, frische Klettenblätter, Wiesenschaumkraut, Vogelmiere oder Frauenmantel verwenden. Dazu passt sehr gut gebratenes Lammfleisch.

● **Schritt 3** Reis, Pistazien und Honig mischen. Mit Curry, Salz und Pfeffer abschmecken.

● **Schritt 4** Breitwegerich putzen, waschen und die Blätter in Salzwasser etwa 2 Minuten blanchieren, kalt abspülen und auf einem Küchentuch ausbreiten.

● **Schritt 5** Zwiebeln und Knoblauch abziehen und fein hacken, im heißen Öl glasig braten, Essig zugeben und nach Belieben würzen.

● **Schritt 6** Je 1 Esslöffel Rosinenreis auf 2 bis 3 überlappende Breitwegerichblätter geben und die Blätter aufrollen.

● **Schritt 7** Die Röllchen auf vier Tellern verteilen, mit dem restlichen Reis und den Pistazien dekorieren.

Breitwegerichknöllchen mit Rosinenreis, ein leichtes Sommergericht mit viel Aroma.

LÖWENZAHNSOUFFLÉ

Zutaten

*1 kg Löwenzahnblätter • 6 Frühlingszwiebeln • 4 Bärlauchblätter • 1 Hand
voll Wildkräuter • 2 EL Öl • Zitronensaft • 125 ml Milch • 3 EL Butter
4 EL Mehl • Salz • Muskatnuss • Pfeffer aus der Mühle • Gewürze nach Wahl
50 g geriebener Parmesankäse • 4 Eier • Butter für die Formen*

→ **Bärlauch Seite 11**
→ **Löwenzahn Seite 36**

Zubereitung

● **Schritt 1** Den Löwenzahn waschen und in 1 Liter
kochendem Wasser 1 Minute blanchieren, abtropfen lassen.
● **Schritt 2** Die Frühlingszwiebeln in Ringe schneiden,
Bärlauch und die anderen Wildkräuter klein hacken.
● **Schritt 3** Die Zwiebeln in Öl glasig braten, Löwenzahn-
blätter hinzufügen und die Hälfte der Wildkräuter. Mit einigen
Spritzern Zitronensaft abschmecken.
● **Schritt 4** Die Milch erwärmen und aus der Butter, dem Mehl
und der Milch eine Sauce herstellen, indem man die Masse
unter ständigem Rühren aufkocht. Mit Salz, Muskatnuss, Pfeffer aus
der Mühle und Gewürzen nach Wahl abschmecken. Vom Herd neh-
men und den Käse unterrühren.
● **Schritt 5** Die Eier trennen und die Eigelbe nacheinander unter die
Sauce ziehen.
● **Schritt 6** Die Löwenzahnblätter unterrühren und nach Wunsch
nachwürzen.
● **Schritt 7** Den Backofen auf 180 °C (Umluft 160 °C; Gas Stufe
2–3) vorheizen. Vier Souffléförmchen ausbuttern.
● **Schritt 8** Eiweiß steif schlagen, unter das Gemüse heben.
● **Schritt 9** Die Löwenzahnmasse in die Förmchen füllen, so dass
diese zu zwei Dritteln gefüllt sind. Mehr sollten Sie nicht in die Form
geben, weil das Soufflé aufgeht und die Masse sonst über den Rand
der Form laufen würde.
● **Schritt 10** Im vorgeheizten Backofen ungefähr 25 Minuten backen
und anschließend sofort servieren.

Wenn der Löwenzahn zu bitter schmecken sollte, obwohl das ja gerade seine gesundheitsfördernde Wirkung ausmacht, kann man das
Wildgemüse über Nacht in Milch einlegen.
Generell gilt: Alle Bitterstoffe in Wildkräutern kann man abschwächen, wenn man Milchprodukte wie Sauerrahm, Sahne, Joghurt,

**Probieren Sie dieses
Rezept einmal mit
Taubnessel, Spitzwe-
gerich und Melde aus.
Statt Bärlauch kann
man auch Knoblauchs-
rauke verwenden.
Das Soufflé schmeckt
dann etwas milder
und zarter.**

Dickmilch oder Schmand zugibt. Beim Sammeln sollte man darauf achten, dass man vor allem die hellgrünen Blätter verwendet. Die dunklen Blätter sind noch bitterer.

LÖWENZAHNWURZELGEMÜSE

Zutaten

→ **Löwenzahn Seite 36**

500 g Löwenzahnwurzeln • 1 EL Essig oder Zitronensaft • 1 kleine Zwiebel 30 g Butter • 30 g Speisestärke • 100 g magerer Kochschinken • Salz • Pfeffer aus der Mühle • Gewürze nach Wahl • 1 Eigelb • Dill, Schnittlauch und Petersilie

Zubereitung

● **Schritt 1** Die frisch im Frühjahr gegrabenen Wurzeln gründlich waschen und abbürsten. Die Wurzeln in etwa 5 Zentimeter lange Stücke schneiden.

● **Schritt 2** Den Essig oder Zitronensaft in 250 Milliliter Wasser zum Kochen bringen. Die Wurzelstücke dazugeben und weich kochen.

● **Schritt 3** Die Zwiebel abziehen und klein schneiden; die Butter in einem Topf erhitzen und die Zwiebel darin glasig dünsten. Die Speisestärke einrühren und mit etwas Kochwasser von den Löwenzahnwurzeln aufgießen.

● **Schritt 4** Löwenzahnwurzeln und klein geschnittenen Schinken zu den gedünsteten Zwiebeln geben. Salzen, pfeffern, mit Gewürzen abschmecken und dann mit dem Eigelb legieren.

● **Schritt 5** Den fein gehackten Dill, die Petersilie und den Schnittlauch darüber streuen und sofort servieren.

Auf die gleiche Art kann man auch andere Wildkräuterwurzeln zubereiten. Beispiele dafür sind die Wurzeln der Nachtkerze der Wilden Möhre oder des Wilden Meerrettichs.

Statt Löwenzahnwurzeln eignen sich für dieses Rezept alle Arten von essbaren Wurzeln, beispielsweise der Wiesenbocksbart. Wildgemüsewurzeln haben in der Regel einen etwas bitteren oder herben Geschmack, den man mit Rahm abschwächen kann.

HUFLATTICH-KARTOFFEL-TORTE

Zutaten

250 g Mehl • 125 g Butter • 750 g Kartoffeln • 2 Zwiebeln 400 g Huflattichblätter • 250 g durchwachsener Speck 1 Becher Sahne • Salz • Pfeffer aus der Mühle • 1 EL Gundermann • 1 Eigelb • 2 EL Milch • Fett für die Auflaufform (ca. 10 g Butter)

Zubereitung

● **Schritt 1** Aus dem Mehl und der Butter einen geschmeidigen Teig kneten. Mit der Hälfte des Teigs eine feuerfeste gefettete Form auskleiden.

● **Schritt 2** Die Kartoffeln waschen, schälen und in feine Scheiben schneiden.

● **Schritt 3** Zwiebeln abziehen und klein hacken, Huflattichblätter waschen, abtropfen lassen und fein schneiden, Speck fein würfeln.

● **Schritt 4** Abwechselnd eine Schicht Kartoffeln, Zwiebeln, Huflattichblätter und Speck in die Auflaufform schichten.

● **Schritt 5** Die Sahne mit Salz und Pfeffer abschmecken, den Gundermann fein schneiden, unterrühren und die Mischung über das Gemüse gießen.

● **Schritt 6** Den restlichen Teig ausrollen und die Torte damit abdecken. Mit einer Gabel Löcher einstechen. Das Eigelb mit der Milch verquirlen und die Teigoberfläche damit einpinseln.

● **Schritt 7** Im auf etwa 180 °C (Umluft 160 °C; Gas Stufe 2–3) vorgeheizten Backofen insgesamt 80 Minuten backen und sofort servieren.

→ **Gundermann Seite 24**
→ **Huflattich Seite 29**

Besonders delikat schmeckt auch eine nach diesem Rezept zubereitete Kletten-Kartoffel-Torte. Statt Kartoffeln kann man auch breite Nudeln verwenden.

→ **Brennnessel Seite 14**

BRENNNESSELGEMÜSE

Zutaten

500 g Brennnesselblätter • 1 kleine Zwiebel • 25 g Butter • 25 g Mehl
1/4 l Gemüsebrühe • 3 EL Schmand • Salz • Pfeffer aus der Mühle • Gewürze
nach Wahl • Schmand oder Joghurt und Brennnesseln zum Dekorieren

Zubereitung

● **Schritt 1** Die Brennnesselblätter gut waschen und abtropfen lassen. In wenig Wasser weich dämpfen, abtropfen lassen und ausdrücken, dann im Mixer pürieren.

● **Schritt 2** Die Zwiebel abziehen, klein schneiden und in der Butter glasig dünsten. Die Brennnesselblätter dazugeben, mit Mehl bestäuben und mit Gemüsebrühe ablöschen. Den Schmand unterrühren, würzen.

● **Schritt 3** Auf vier Teller verteilen und mit einem Häubchen Schmand oder 1 Esslöffel Joghurt garnieren. Natürlich darf auch klein gehacktes rohes Brennnesselkraut, über das Gemüse gestreut, nicht fehlen.

RISOTTO MIT GIERSCH

Zutaten

→ **Giersch Seite 22**

1 Zwiebel • 2 EL Wildkräuteröl (Rezept Seite 133) • 200 g Reis • 150 ml Gemü-sebrühe • 1/2 l Tomatensaft • Gewürze nach Wahl • Salz • Pfeffer aus der Mühle • 3 reife Tomaten • 400 g Gierschblätter • 2 Knoblauchzehen • 1 Hand voll fein gehackte Wildkräuter

Zubereitung

● **Schritt 1** Die Zwiebel abziehen, in feine Würfel schneiden und in 1 Esslöffel heißem Öl glasig dünsten.

● **Schritt 2** Den Reis hinzugeben und mit den Zwiebeln einige Minuten lang andünsten.

● **Schritt 3** Reis mit Gemüsebrühe aufgießen; langsam den Tomatensaft hinzugießen, damit der Reis heiß bleibt. Reis im geschlossenen Topf auf kleiner Flamme etwa 20 Minuten ausquellen lassen.

● **Schritt 4** Den Reis beliebig mit frischen Kräutern würzen und mit Salz und Pfeffer abschmecken.

● **Schritt 5** Die Tomaten waschen, putzen und in etwa 1 Zentimeter breite Würfelchen schneiden; die Gierschblätter grob hacken; die Tomaten würfeln.

Reis ist eine gute Grundlage für viele Wildkräuterrezepte. Auch hier sind eigenen Experimenten keine Grenzen gesetzt.

● **Schritt 6** In einer Pfanne das restliche Öl erhitzen, Knoblauch abziehen, hineinpressen und kurz andünsten. Das Gemüse dazugeben und gleichmäßig weiterdünsten. Tomaten unterheben.

● **Schritt 7** Das Gemüse vorsichtig unter den Reis heben und miteinander vermischen; das Ganze mit fein gehackten Wildkräutern bestreuen und heiß servieren.

ÜBERBACKENE CANNELLONI MIT GIERSCH

Zutaten

→ **Giersch Seite 22**
→ **Oregano Seite 18**
→ **Rosmarin Seite 41**
→ **Thymian Seite 46**

500 g junge hellgrüne Gierschblättchen • 1 Zwiebel • 1 Knoblauchzehe 10 g Butter • 100 g Emmentaler • Salz • Pfeffer aus der Mühle • Rosmarin, Thymian und Oregano • Gewürze nach Geschmack • 12 Nudelteigplatten 1 Eigelb • Butter für die Form • 3 Tomaten • 1 EL Tomatenmark • 10 g Butter 1 gehäufter EL Mehl • 4 cl Weißwein oder Wasser • 1/8 l Milch • 1 Becher (= 125 g) Sahne • 50 g gewürfelter Emmentaler • Salz • Pfeffer aus der Mühle geriebene Muskatnuss • 1 Eigelb • 2 EL geschlagene Sahne • 2 EL geriebener Emmentaler zum Überbacken

Zubereitung

● **Schritt 1** Den Giersch gründlich unter kaltem Wasser waschen und abtropfen lassen.

● **Schritt 2** Die Zwiebel und die Knoblauchzehe abziehen, fein würfeln und in der Butter glasig dünsten.

● **Schritt 3** Den Giersch dazugeben und dünsten, bis er zusammengefallen ist.

● **Schritt 4** Den Käse reiben und unter den Giersch rühren.

● **Schritt 5** Die Masse mit einem Messer grob hacken und mit Salz, Pfeffer und Rosmarin, Thymian und Oregano würzen.

● **Schritt 6** Pro Portion drei vorbereitete Teigplatten zurechtlegen; Teigplatten gleichmäßig dick mit der Gierschmasse bestreichen, zusammenrollen und die Platten an den Rändern mit Eigelb einstreichen und die Ränder gut andrücken.

● **Schritt 7** Eine feuerfeste Form gut ausbuttern, die Cannelloni dicht beisammen hineinlegen.

● **Schritt 8** Tomaten würfeln und die Cannelloni damit belegen, Tomatenmark aus der Tube serpentinenförmig über die Masse geben und die Form beiseite stellen.

● **Schritt 9** Die Butter in einem Topf schmelzen. Das Mehl hinzufügen und hell anschwitzen. Mit Wein oder Wasser, Milch und Sahne aufgießen und die Sauce unter ständigem Rühren glatt und dickflüssig einkochen.

● **Schritt 10** Den gewürfelten Emmentaler hinzufügen, mit Salz, Pfeffer und Muskatnuss würzen.

● **Schritt 11** Das Eigelb mit der Schlagsahne vermischen und unter die Sauce rühren.

● **Schritt 12** Die Sauce über die Cannelloni ziehen und mit geriebenem Emmentaler bestreuen.

● **Schritt 13** In den auf 220 °C (Umluft 200 °C; Gas Stufe 4–5) vorgeheizten Backofen geben und etwa 4 bis 5 Minuten überbacken.

Wo Giersch gedeiht, findet man sehr häufig auch Gänsefingerkraut, das sich ebenfalls gut für dieses Cannellonigericht eignet.

Zu diesem Teiggericht mit Giersch passt ein knackig-frischer Wildkräutersalat. Statt Giersch können Sie selbstverständlich auch Löwenzahn- oder Brennnesselblätter verwenden.

Auch bei diesem Gericht bestätigt es sich jedesmal: Wer erst einmal auf den Geschmack gekommen ist, wird sich bald nichts mehr anderes vorstellen können, als in der freien Natur seine Vitaminmahlzeiten zu sammeln.

LÖWENZAHNKNOSPEN IN RAHMSAUCE MIT NUDELN

→ **Gundermann Seite 24**
→ **Löwenzahn Seite 36**

Zutaten

400 g geschlossene Löwenzahnknospen • 4 Zweige Gundermann • 1 Frühlingszwiebel • 100 g durchwachsener Speck • 1 Knoblauchzehe • 2 EL Wildkräuteröl (Rezept Seite 133) • 1/4 l Schmand oder saurer Rahm • Salz • Pfeffer aus der Mühle • 1 EL Zitronensaft • 500 g Nudeln • 1 Hand voll Wildkräuter 60 g geriebener Parmesan oder Emmentaler

Gut schmecken auch Knospen von Bocksbart, Gänseblümchen oder Schnittlauch in Rahmsauce. Man erntet die Knospen am besten kurz vor der Blüte.

Zubereitung

● **Schritt 1** Löwenzahnknospen waschen und abtropfen lassen; die Gundermannblätter und Zwiebel fein hacken.

● **Schritt 2** Den Speck würfeln und zusammen mit der Zwiebel, dem Gundermann und der durchgepressten Knoblauchzehe in Öl anbraten. Die Löwenzahnknospen dazugeben.

● **Schritt 3** Nach und nach den Schmand, bzw. den sauren Rahm dazugießen und etwa 8 Minuten garen. Die Sauce langsam einkochen, bis sie eine sämige Beschaffenheit hat.

● **Schritt 4** Mit Salz, Pfeffer und Zitronensaft abschmecken.

● **Schritt 5** Nudeln in kochendem Salzwasser mit ein paar Tropfen Öl bissfest kochen, abgießen und abtropfen lassen. Die Wildkräuter in die Sauce geben. Nudeln auf Tellern anrichten, die Sauce darüber geben, mit Käse bestreuen und sofort servieren.

Herzhaft: Bandnudeln mit Löwenzahnknospen und Rahmsauce.

HUFLATTICHROULADEN

Zutaten

*6 bis 7 Huflattichblätter • 4 mittelgroße Kartoffeln • 150 g Hackfleisch
Salz • Pfeffer aus der Mühle • 1 Hand voll Wildkräuter • Muskat • Gewürze
nach Belieben, z. B. Kümmel oder Bohnenkraut*

→ **Huflattich Seite 29**

Zubereitung

● **Schritt 1** Huflattichblätter gut waschen, abtropfen lassen
und in kochendem Wasser etwa 2 Minuten blanchieren.

● **Schritt 2** Kartoffeln kochen und pürieren.

● **Schritt 3** Das Hackfleisch mit den Wildkräutern, den
Gewürzen und dem Kartoffelbrei vermischen.

● **Schritt 4** Kleine Portionen der Mischung auf den Huflattichblät-
tern verteilen. Die Blätter einrollen, in eine Auflaufform legen und
im vorgeheizten Backofen bei etwa 170 °C (Umluft 150 °C; Gas
Stufe 2) 15 bis 20 Minuten backen. Nach Belieben mit einer Sauce
freier Wahl übergießen. Als Beilagen eignen sich Kartoffeln, Knödel
oder andere Wildgemüse.

BRENNNESSELN MIT KOKOS UND HUHN

Zutaten

*200 g frische Brennnesselblätter • 2 Frühlingszwiebeln • 1 Stück frischer
Ingwer • 200 g Hähnchenbrust • 1 mittelgroße Tomate • 2 EL Erdnussöl
400 ml Kokosmilch • 5 Blätter Zitronengras (ersatzweise Zitronenmelisse)
1 TL Salz • 1 Prise Zucker • 1 EL Zitronensaft*

→ **Brennnessel Seite 14**
→ **Zitronenmelisse Seite 56**

Zubereitung

● **Schritt 1** Brennnesselblätter verlesen und waschen. Frühlingszwiebeln klein schneiden. Ingwer schälen und raspeln. Die Hähnchenbrust quer zur Faser in dünne Streifen schneiden. Tomate abziehen und ebenfalls klein schneiden.

● **Schritt 2** Das Öl in einer Pfanne erhitzen. Zuerst das Fleisch von
allen Seiten kräftig anbraten, herausnehmen und beiseite stellen.
Dann die Zwiebeln anbraten und zum Fleisch geben.

● **Schritt 3** Bratfond mit einer Tasse Wasser aufkochen.

● **Schritt 4** Kokosmilch zugießen, Brennnesselblätter, Frühlingszwiebeln, Ingwer und Zitronengras (bzw. Zitronenmelisse) zugeben,
etwa 5 Minuten kochen.

Man kann dieses asia-
tisch inspirierte Rezept
mit Erdnussbutter ver-
feinern. Das Hühnerge-
richt bekommt dann
noch mehr einen
Touch der thailändi-
schen Küche.

*Brennnessel mit Kokos
und Huhn – eine
Wildkräutervariante
thailändischer Art.*

● **Schritt 5** Tomaten und Fleisch zugeben und heiß werden lassen, aber nicht mehr kochen, mit Salz, Zucker und Zitronensaft abschmecken. Sofort servieren.

GIERSCHKLÖSSCHEN

Zutaten

→ **Giersch Seite 22**

*1 kg Gierschblätter • 200 g Toastbrot • 1/8 l Milch • 200 g Parmesan
1–2 Knoblauchzehen • 2 Eier • Salz • Pfeffer aus der Mühle • geriebene
Muskatnuss • 50 g Semmelbrösel • 75 g Butter*

Zubereitung

Die Semmelbrösel können in den Gierschklößchen auch durch geriebenen Zwieback oder Haferflocken ersetzt werden.

● **Schritt 1** Den Giersch verlesen, waschen und portionsweise in sprudelnd kochendem Salzwasser einige Sekunden blanchieren. Auf einem Sieb kalt abschrecken, abtropfen lassen, gut ausdrücken und grob hacken.

● **Schritt 2** Toastbrot fein würfeln; Milch etwas erwärmen und über die Toastwürfel gießen. 150 Gramm Parmesankäse fein reiben, den Rest zum Bestreuen der Klößchen nur grob raspeln. Den Knoblauch abziehn und pressen.

● **Schritt 3** Giersch und Toastbrot mit Milch, Knoblauch, geriebenem Parmesan und Eiern mischen, würzen.

● **Schritt 4** So viel Semmelbrösel zugeben, dass sich der Teig mit nassen Händen gut formen lässt.

● **Schritt 5** Aus dem Teig walnussgroße Klößchen formen, diese in sprudelnd kochendem Salzwasser einmal ganz kurz aufkochen lassen. Die Temperatur sofort zurückschalten, eventuell einen Schuss kaltes Wasser zugießen und die Klößchen anschließend im offenen Topf bei schwacher Hitze 5 Minuten ziehen lassen.

● **Schritt 6** Butter schmelzen und leicht bräunen. Die Klößchen mit einem Schaumlöffel herausheben und abgetropft auf vorgewärmte Teller geben.

● **Schritt 7** Mit heißer Butter übergießen, mit dem geraspelten Käse bestreuen und sofort servieren.

Die Gierschklößchen lassen sich auch, ähnlich wie Leberknödel oder Markklößchen, als Suppeneinlage verwenden.

BRENNNESSELSPINAT MIT BÄRLAUCH-KARTOFFELPÜREE

Zutaten

Für den Brennnesselspinat 1 große Schüssel Brennnesselblätter (500 g) Salz • 1 Zwiebel • 50 g Butter • 2 Knoblauchzehen oder 2 TL Knoblauchgranulat • Pfeffer • Muskat • beliebige Gewürze

Für das Bärlauch-Kartoffelpüree 1 kg Kartoffeln • 250 ml Milch • 50 g Butter 6–7 Bärlauchblätter • 1 TL Cayennepfeffer • Salz • 2 Zweige fein geschnittener Gundermann

→ **Brennnessel Seite 14**
→ **Bärlauch Seite 11**
→ **Gundermann Seite 24**

Zubereitung

● **Schritt 1** Brennnesselblätter waschen, abtropfen lassen und verlesen, das Salzwasser zum Kochen bringen und die Brennnesseln hineingeben. Nach 30 Sekunden abgießen und unter kaltem Wasser abschrecken, damit die schöne grüne Farbe der Brennnesselblätter erhalten bleibt. Die Zwiebel in Stücke schneiden und in der Butter glasig dünsten. Frischen Knoblauch abziehen und schneiden oder Knoblauchgranulat hinzufügen.

● **Schritt 2** Sobald die Zwiebeln glasig geworden sind, die Brennnesseln hinzufügen und gut mischen. Mit Salz, Pfeffer, Muskat, Gundermann und beliebigen anderen Gewürzen abschmecken und etwa 10 bis 15 Minuten dünsten lassen.

● **Schritt 3** Kartoffeln in kaltem Salzwasser zusetzen und weich kochen, schälen und durch die Kartoffelpresse drücken. Warme Milch und Butter hinzufügen, Bärlauch fein schneiden und untermischen, mit den Gewürzen abschmecken.

GRATINIERTE BRENNNESSEL-KÄSESPÄTZLE

Zutaten

→ **Brennnessel Seite 14**

Für den Teig *250 g Mehl • 2 Eier • Salz • 125 ml Wasser*

Für das Brennnesselpüree *4 Zwiebeln • 5 EL Wildkräuteröl (Rezept Seite 133)*
• 200 g Brennnesselblätter • 125 g Emmentaler • Salz • Pfeffer aus der Mühle

Zubereitung

● Schritt 1 Das Mehl mit den Eiern, 1/2 Teelöffel Salz sowie dem Wasser in eine Schüssel geben und zu einem flüssigen Teig verarbeiten. Den Teig etwa 30 Minuten ruhen lassen.

● Schritt 2 Die Zwiebel abziehen, fein hacken und im heißen Öl leicht anbraten.

Originelle, grüne Kräu-
ter-Käsespätzle kann
man selbst herstellen,
indem man zum Spätz-
leteig aus 250 Gramm
Mehl etwa 50 Gramm
pürierte Wildkräuter
gibt, bevor man die
Spätzle kocht. Mit Rin-
gelblumenblüten wer-
den sie orange.

● Schritt 3 In einem großen Topf reichlich Wasser mit 2 Esslöffeln Salz zum Kochen bringen. Den Teig durch eine Spätzlepresse in das siedende Wasser drücken. Sobald die Spätzle an die Oberfläche aufsteigen, mit einem Schaumlöffel herausnehmen, kalt abschrecken und gut abtropfen lassen.

● Schritt 4 Die Brennnesselblätter abwaschen und in einen Topf mit kochendem Wasser geben. Etwa 10 Minuten kochen lassen, abseihen und die Blätter im Küchenmixer pürieren. Nach Belieben mit Salz und Pfeffer würzen.

● Schritt 5 Spätzle, Brennnesselpüree, Käse und Zwiebeln in eine gefettete Auflaufform geben, mischen, mit Salz und Pfeffer abschmecken und im Backofen etwa 10 Minuten überbacken.

BREITWEGERICHLASAGNE

Zutaten

→ **Breitwegerich Seite 46**
→ **Gundermann Seite 24**

Für den Teig *175 g Mehl • Salz • 2 Eier • 1 EL Wildkräuteröl (Rezept Seite 133)*

Für die Sauce *1 Zwiebel • 2 bis 3 Knoblauchzehen • beliebiges Gemüse,*
etwa 100 g (z. B. Tomaten, fein geraspelte Möhren oder eine klein geschnittene
Zucchini) • 500 g Breitwegerichblätter • Salz • Cayennepfeffer • 1/2 l Milch
125 g Schmand • 40 g Mehl • Salz • Pfeffer aus der Mühle • 250 g geriebener
Emmentaler • 150 g Parmesan • 3–4 Zweige fein gehackter Gundermann

Zubereitung

● Schritt 1 Für den Nudelteig Mehl mit Salz, Eiern, Öl und 2 bis 3 Esslöffeln kaltem Wasser verkneten. In ein feuchtes Handtuch gewickelt bei Zimmertemperatur ruhen lassen.

● **Schritt 2** Für die Füllung die Zwiebel und den Knoblauch abziehen und würfeln. Gemüse putzen, Breitwegerich waschen und in feine Streifen schneiden.

● **Schritt 3** Zwiebel, Knoblauch und Breitwegerich in 2 Esslöffel heißem Öl bei mittlerer Hitze schmoren. Nach etwa 5 Minuten mit Salz und Cayennepfeffer würzen und abkühlen lassen.

● **Schritt 4** Milch, Schmand, Mehl, Salz und Pfeffer mit dem Handrührgerät kräftig verrühren. Zum Schluss den Käse untermischen.

● **Schritt 5** Den Teig in vier Stücke schneiden und auf einer bemehlten Arbeitsfläche oder mit der Nudelmaschine zu dünnen Platten in der Größe der Gratinform ausrollen.

● **Schritt 6** Die Form mit etwas Sauce ausgießen. Die Teigplatten, die Breitwegerich-Mischung, den Gundermann und die anderen Zutaten nach und nach hineinschichten.

● **Schritt 7** Jede Schicht mit Sauce begießen. Ganz oben noch etwas Käse aufstreuen.

● **Schritt 8** Die Lasagne im auf 220 °C (Umluft 200 °C; Gas Stufe 4–5) vorgeheizten Backofen 30 Minuten überbacken. Aus dem Ofen nehmen, mit gehackten Wildkräutern dekoriert servieren.

Diese herzhafte Breitwegerichsauce eignet sich nicht nur für Lasagnerezepte, sondern auch als Füllung für Strudelteige.

Es empfiehlt sich, die Schmandmenge für Strudel zu verdoppeln, da dann der Strudel noch saftiger wird. Selbstverständlich kann man dieses Rezept auch mit anderen Wildkräutern zubereiten.

Breitwegerich verleiht der Lasagne eine völlig neue Geschmacksnuance.

BREITWEGERICHAUFLAUF MIT KÄSE

→ **Breitwegerich Seite 46**

Zutaten

600 g Breitwegerichblätter • 2 Eier • 1 Knoblauchzehe • Salz • Pfeffer aus der Mühle • 12 Scheiben Toastbrot • 500 g Tomaten • 400 g Fleischwurst 300 g Käse in Scheiben • 1 Hand voll Wildkräuter

Zubereitung

Breitwegerich schmeckt noch herzhafter, wenn er mit Kartoffeln, Zucchini und Specklagen in eine Form geschichtet wird. Verfeinert wird der Auflauf noch mit hauchdünn geschnittenem Rettich.

● **Schritt 1** Breitwegerich mit den Eiern und der durchgepressten Knoblauchzehe mischen, mit Salz und Pfeffer aus der Mühle würzen. Das Toastbrot rösten.

● **Schritt 2** Tomaten und Fleischwurst in Scheiben schneiden. Alle Zutaten in einer feuerfesten Form abwechselnd einschichten.

● **Schritt 3** Zwischen jede Schicht die fein geschnittenen Wildkräuter verstreuen. Die letzte Schicht besteht aus Tomaten und Käse.

● **Schritt 4** Im vorgeheizten Backofen bei 180 °C (Umluft 160 °C; Gas Stufe 2–3) etwa 35 bis 40 Minuten backen.

BRENNNESSEL-KARTOFFEL-PFANNKUCHEN

→ **Brennnessel Seite 14**

Zutaten

1 Hand voll Brennnesseln • 200 g Quark • 1 Ei • 1,5 kg Kartoffeln • 1 EL Kartoffelmehl • Salz • Backfett

Zubereitung

● **Schritt 1** Brennnesseln kurz in kochendes Wasser tauchen und abseihen, dann fein hacken.

● **Schritt 2** Quark mit dem Ei, den geriebenen und ausgedrückten Kartoffeln vermischen, salzen.

● **Schritt 3** Im heißen Fett kleine knusprige Kartoffelpfannkuchen backen. Dazu einen Wildkräutersalat (Seite 66) servieren.

WILDGEMÜSEFRIKADELLEN MIT TOFU

Zutaten

350 g Wildkräuter (Beinwell, Brennnesseln, Frauenmantel, Giersch, Gundermann, Knöterich, Löwenzahn, Schafgarbe usw.) • 200 g Möhren • 200 g Lauch • 1 Zwiebel • 2 Knoblauchzehen • 100 g Tofu 2 Eier • Semmelbrösel • Salz • Pfeffer aus der Mühle • Wildkräuteröl (Rezept Seite 133)

Zubereitung

● **Schritt 1** Das Wildgemüse gut waschen, abtropfen lassen und auf einem Küchenhandtuch trocknen. In Streifen schneiden.

● **Schritt 2** Die Möhren waschen und stifteln, den Lauch putzen, waschen und in Streifen schneiden.

● **Schritt 3** Die Zwiebel abziehen und klein schneiden. Den Knoblauch schälen und in kleine Stücke schneiden.

● **Schritt 4** Den Tofu abtropfen lassen und ebenfalls in kleine Stückchen schneiden.

● **Schritt 5** Eier und Semmelbrösel in eine Schüssel geben. Das gesamte Gemüse und den Tofu dazugeben und zu einem Teig vermischen. Er muss sich gut formen lassen. Die Gewürze nach Belieben hinzufügen und abschmecken.

● **Schritt 6** Aus dem Teig Frikadellen formen und im heißen Öl pro Seite etwa 5 Minuten braten. Mit Salat servieren.

AUFLAUF MIT WIESENBÄRENKLAU

Zutaten

400 g Wiesenbärenklau (Blätter und Sprossen) • 400 Kartoffeln • Wurzelwerk mit Möhren, Sellerie, Petersilienwurzeln und Lauch • 2 Zwiebeln • 50 g Butter 1 EL Wildkräuteressig (Rezept Seite 134f.) • Salz • Pfeffer aus der Mühle Muskat • Wiesenbärenklaublättchen zum Bestreuen

Zubereitung

● **Schritt 1** Wiesenbärenklau waschen, abtropfen lassen und in kleine Stücke schneiden. Kartoffeln und Wurzelwerk waschen und ebenfalls in kleine Stücke schneiden.

● **Schritt 2** In einem Topf mit kochendem Salzwasser das Wurzelwerk 5 Minuten kochen. Danach den Wiesenbärenklau zugeben und noch einmal etwa 10 Minuten mitkochen.

● **Schritt 3** Nach insgesamt 15 Minuten Kochzeit das Gemüse abseihen, aber die Kochflüssigkeit nicht wegschütten.

● **Schritt 4** Die Zwiebeln abziehen, fein hacken und in der Butter glasig dünsten. Etwas Wasser, Essig und das Gemüse dazugeben, kräftig umrühren und den Kochsud zugießen.

● **Schritt 5** Nach Belieben würzen und weich kochen.

● **Schritt 6** In einer Schüssel anrichten und mit einigen fein gehackten Wiesenbärenklaublättchen bestreuen.

→ **Beinwell Seite 13**

→ **Brennnessel Seite 14**

→ **Frauenmantel Seite 20**

→ **Giersch Seite 22**

→ **Gundermann Seite 24**

→ **Knöterich Seite 33**

→ **Löwenzahn Seite 36**

→ **Schafgarbe Seite 45**

→ **Wiesenbärenklau Seite 53**

Verlegen Sie sich beim Kochen nicht sklavisch auf Wildkräuter, sondern kombinieren Sie auch die klassischen Gemüse wie Möhren, Sellerie und Lauch mit Wildpflanzen.

Wildgemüse exotisch & international

Aus Wildkräutern lassen sich vorzügliche Gerichte der Küche anderer Länder zubereiten. Wie wäre es einmal mit einem chinesischen Abend oder mit Brennnesseln à la Mexiko? Die ohnehin schon sehr abwechslungsreiche Wildkräuterküche erhält so exotisches Flair.

WILDKRÄUTERPFANNE AUF CHINESISCHE ART

Zutaten

10 chinesische getrocknete Pilze • 4 Frühlingszwiebeln • 1 kg gemischte Wildkräuter (Bärlauch, Breitwegerich, Brennnessel, Frauenmantel, Giersch, Huflattich, Löwenzahn, Schafgarbe, Spitzwegerich) • 1 Knoblauchzehe • 1 kleine Dose Bambussprossen • 1 kleine Dose Sojabohnenkeimlinge • 1 rote Paprika 20 g Ingwer • 5 EL Wildkräuteröl (Rezept Seite 133) • 4 EL Sojasauce • Salz Pfeffer • Zucker • Essig • Gewürze, z. B. Ingwer, Kurkuma und Koriander

Zubereitung

● **Schritt 1** Die getrockneten Pilze in heißem Wasser einweichen und 30 Minuten quellen lassen.

● **Schritt 2** Die Frühlingszwiebeln und das Wildgemüse waschen und in Ringe bzw. Streifen schneiden, Knoblauch abziehen und fein hacken.

● **Schritt 3** Bambussprossen und Sojabohnenkeimlinge abtropfen lassen, Bambussprossen klein stifteln, Paprika waschen und in Streifen schneiden.

● **Schritt 4** Die Ingwerwurzel schälen und würfeln.

● **Schritt 5** Das Öl in einem Wok oder in einer großen Pfanne erhitzen Knoblauch, Ingwer und Zwiebeln darin anbraten.

● **Schritt 6** Pilze ausdrücken und ebenfalls im Wok anbraten.

● **Schritt 7** Das Wildgemüse und die Flüssigkeit der aufgeweichten Pilze zugeben. Mit Sojasoße würzen.

● **Schritt 8** Das Ganze etwa 8 bis 10 Minuten garen und zum Schluss den Bambus und die Sojabohnenkeimlinge untermischen.

● **Schritt 9** Salz, Pfeffer, Essig und Gewürze nach Geschmack hinzufügen und alles weitere 3 Minuten garen lassen. Im Wok servieren.

→ **Gundermann Seite 24**
→ **Thymian Seite 46**

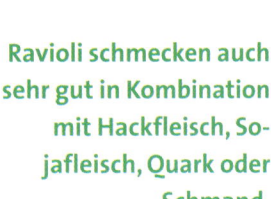

RAVIOLI MIT WILDKRÄUTERN

Zutaten

Für den Teig 400 g Mehl • Salz • 4 Eigelbe • 1 EL Wildkräuteröl (Rezept Seite 133)

Für die Füllung 600 g Wildkräuter (bunt gemischt oder einzeln, wenn man eine bestimmte Geschmacksrichtung bevorzugt) • 1 Zwiebel • 1 Knoblauchzehe • 1 EL Butter • 500 g geriebener Emmentaler • Pfeffer aus der Mühle • Cayennepfeffer • Muskatnuss • 6 Zweige Gundermann oder Thymian, fein gehackt • 120 g Butter

Zubereitung

● **Schritt 1** Den Ravioliteig herstellen, indem man Mehl, Salz, Eigelb und Öl miteinander verknetet. Der Teig darf nicht bröckelig oder spröde sein, sondern muss geschmeidig bleiben. Man kann das durch Zufügen von Eigelb oder lauwarmem Wasser (tropfenweise) steuern. Auf jeden Fall den Teig immer mit der Hand kneten, weil man dadurch am besten die Beschaffenheit beurteilen kann. Genauere Angaben lassen sich nicht machen, denn die Qualität des Nudelteigs hängt vom Mehl und den Eiern ab.

● **Schritt 2** Den Teig in Frischhaltefolie einwickeln und mindestens 1 Stunde ruhen lassen.

● **Schritt 3** Die Wildkräuter waschen, abtropfen lassen, trocknen und fein hacken. Die Zwiebel und den Knoblauch abziehen und ebenfalls fein hacken.

● **Schritt 4** Die Butter erhitzen und die Zwiebel sowie den Knoblauch darin glasig braten.

● **Schritt 5** Die Wildkräuter dazugeben und so lange dünsten, bis Flüssigkeit austritt. Die Pfanne vom Herd nehmen und die Kräuter etwas auskühlen lassen.

● **Schritt 6** Die Kräutermasse zusammen mit dem Emmentaler durch den Fleischwolf drehen. Die Mischung mit den oben angegebenen Gewürzen abschmecken oder andere Gewürze verwenden.

● **Schritt 7** Den Nudelteig zu Platten ausrollen oder dazu eine Nudelmaschine verwenden. Im Abstand von etwa 4 bis 5 Zentimetern 1 Teelöffel der Kräutermasse auf die Teigplatten geben. Eine zweite Teigplatte darüber legen und fest andrücken.

● **Schritt 8** Mit einem Teigrädchen die einzelnen Ravioli ausschneiden und vorsichtig in einen Topf mit kochendem Salzwasser geben. Das Wasser muss sprudelnd kochen. Die Ravioli benötigen etwa 3 bis 6 Minuten, bis sie fertig sind.

Ravioli schmecken auch sehr gut in Kombination mit Hackfleisch, Sojafleisch, Quark oder Schmand.

Eine Variante der Wildkräuter-Ravioli: Braten Sie Wildkräuter kurz in Öl an, geben Sie geschälte und pürierte Tomaten dazu und mischen Sie die Ravioli unter. Mit geriebenem Käse bestreut servieren.

● **Schritt 9** Die Butter erhitzen und den fein gehackten Gundermann bzw. Thymian in der Butter anbraten.

● **Schritt 10** Die Ravioli mit einem Schaumlöffel aus dem Wasser nehmen, gut abtropfen lassen und anrichten. Den gebratenen Gundermann oder Thymian mit der Butter darüber gießen.

Eine Variationsmöglichkeit: Die Ravioli in einer
Gemüsebrühe kochen und in der heißen Brühe servieren.

LÖWENZAHNPIZZA

Zutaten

Für den Teig 250 g Mehl • 20 g Hefe • 50 ml lauwarmes Wasser
2 EL Olivenöl • 1/2 TL Salz
Für den Belag 300 g zarter Löwenzahn mit Wurzeln • 50 g Tomatenmark
Rosmarin, Thymian und Oregano • Salz • Pfeffer aus der Mühle • 200 g geriebener Emmentaler oder Mozzarella • 100 g Kochschinken • beliebiger sonstiger
Belag (Champignons, Artischocken, Salami usw.)

→ **Löwenzahn Seite 36**

Am besten ernten Sie Löwenzahn im April und Mai, wenn die Blätter noch jung und zart und damit nicht zu bitter sind.

Zubereitung

● **Schritt 1** Mehl mit der Hefe vermischen. Wasser, Öl und Salz zugeben. Alles zu einem glatten und geschmeidigen Teig verkneten.

● **Schritt 2** Zugedeckt an einem warmen Ort gehen lassen, bis der Teig etwa das doppelte Volumen hat.

Schon probiert? Pizza mit jungem Löwenzahn.

● **Schritt 3** Teig noch einmal kräftig durchkneten und auf einer bemehlten Arbeitsfläche etwa 3 Millimeter dick ausrollen. Ein gefettetes Pizzablech damit auslegen und einen etwa 1 Zentimeter hohen Rand formen.

● **Schritt 4** Den Löwenzahn gut waschen und abbürsten. In 1 Liter kochendes Salzwasser legen und etwa 20 Minuten kochen lassen. In einem Sieb abtropfen lassen und im Mixer mit etwas Kochflüssigkeit pürieren.

● **Schritt 5** Pürierten Löwenzahn mit Tomatenmark, Gewürzen und Salz und Pfeffer vermischen und auf dem Teig verteilen.

● **Schritt 6** Käse und Schinken und sonstige Beläge nach eigenem Geschmack auf der Oberfläche verteilen.

● **Schritt 7** Backofen auf 220 °C (Umluft 200 °C; Gas Stufe 4–5) vorheizen, Pizzateig mit Belag noch etwas gehen lassen.

● **Schritt 8** Auf der mittleren Schiene des Backofens etwa 20 bis 25 Minuten knusprig backen. Pizza vom Blech nehmen und mit einem Messer in Portionen schneiden.

Dieses Grundrezept kann mit Wildkräutern nach Wahl variiert werden. Probieren Sie es einmal mit Giersch, Breitwegerich, Weißem Gänsefuß und vor allem auch mit Lindenblättern. Sie werden erstaunt sein, welche raffinierten Geschmacksnuancen entstehen.

GIERSCHBURRITOS MIT HACKFLEISCH

Zutaten

→ **Giersch Seite 22**

Für die Burritos 450 g Mehl • 1 TL Backpulver • 1 EL Schmalz • 1 TL Salz
200 ml Wasser • 4 EL Wildkräuteröl (Rezept Seite 133)
Für die Sauce 300 g Giersch • 3 Zwiebeln • 500 g Hackfleisch • Salz • Pfeffer
aus der Mühle • Cayennepfeffer • 2 EL Butter • 200 ml Sojasauce • Chilipulver
Wildkräuter zum Garnieren

Zubereitung

● **Schritt 1** Das Mehl mit dem Backpulver, dem Schmalz, dem Salz und dem Wasser zu einem glatten Teig verrühren.

● **Schritt 2** Aus dem Teig etwa 10 bis 12 kleine Kugeln formen und zwischen zwei Lagen Frischhaltefolie kleine Fladen ausrollen.

● **Schritt 3** Öl in der Pfanne erhitzen und den Teig von beiden Seiten anbraten. Wenn sich die Ränder heben, sind die Burritos fertig.

● **Schritt 4** Giersch waschen, klein hacken und etwa 4 Minuten in Salzwasser blanchieren. Zwiebeln schälen, in Würfel schneiden.
● **Schritt 5** Das Hackfleisch mit Salz, Cayennepfeffer und weiteren Gewürzen vermengen.
● **Schritt 6** Die Butter in einer Pfanne erhitzen und das Fleisch mit den Zwiebeln und dem Giersch andünsten.
● **Schritt 7** Mit Sojasauce und Chilipulver abschmecken.
● **Schritt 8** Burritos auf einer Arbeitsfläche ausbreiten, die Giersch-Hackfleisch-Mischung darauf verteilen und das Ganze zusammenrollen. Mit fein gehackten Wildkräutern dekorieren.

Zu diesen Burritos passen sehr gut Saucen und Cremes auf Avocadobasis (Seite 106). Das Rezept schmeckt auch ohne Hackfleisch: Vegetarier verwenden Fleischersatz auf Sojabasis oder Tofu. Der sollte allerdings einen Tag vorher in einer scharfen mexikanischen Sauce mariniert werden, damit er sich geschmacklich diesem Gericht anpassen kann.
Statt Giersch eignen sich auch andere Wildgemüse als Füllung für Burritos. Ein besonders feines Aroma haben dabei beispielsweise Brennnessel und Taubnessel, Breit -und Spitzwegerich.
Löwenzahn sollten Sie dagegen nicht verwenden, da sein Aroma zu dominant ist und die anderen Zutaten übertönt. Bei den Variationsmöglichkeiten kommt es ganz auf Ihren persönlichen Geschmack an. Am besten, Sie probieren einfach Varianten aus.

Noch typischer werden Burritos, wenn man 200 Gramm Mehl und 250 Gramm Maismehl verwendet. Als Aperitif trinkt man bei diesem mexikanischen Mahl eine Margarita, zum Abschluss einen Tequila.

GEFÜLLTE BRENNNESSELTASCHEN AUF MEXIKANISCHE ART

Zutaten
Für den Teig 50 g Mehl • 50 g Maismehl • Salz • 1 TL Zucker • 6 EL Wildkräuteröl (Rezept Seite 133) • 1 Ei • 400 g Wasser
Für die Füllung 1 kg Brennnesselspitzen und -blätter • 1 Zwiebel • 2 EL Butter • Pfeffer aus der Mühle • Cayennepfeffer • Chilipulver • mexikanische Gewürzmischung • Fett zum Frittieren • 1 Ei • 100 ml Chilisauce

→ **Brennnessel Seite 14**

Die Füllung der Brennnesseltaschen wird noch pikanter, wenn man jeweils einen kleinen Bund Bärlauchblätter, Liebstöckel und Gundermann fein gehackt dazugibt.

Zubereitung
● **Schritt 1** Mehl und Maismehl auf eine Arbeitsfläche sieben und gut vermischen. In die Mitte eine Mulde drücken und das Salz, den Zucker, Öl, Ei und 400 Milliliter Wasser in die Vertiefung geben, daraus einen glatten Teig herstellen.

● **Schritt 2** Den Teig 30 Minuten lang im Kühlschrank lagern.

● **Schritt 3** Ein Backblech mit Backpapier auslegen.

● **Schritt 4** Die Brennnesseln putzen, waschen, heiß überbrühen und in Streifen schneiden. Die Zwiebel abziehen, klein schneiden und in Butter glasig braten.

● **Schritt 5** Die Brennnesseln dazugeben und etwa 5 bis 10 Minuten dünsten. Nach Belieben würzen und alles gut durchmischen.

● **Schritt 6** Den Backofen vorheizen.

● **Schritt 7** Den Teig in 16 Portionen teilen und jede zu einer runden Platte ausrollen. Die Platten mit der Brennnessel-Gemüse-Mischung belegen und zu einem Halbmond zusammen klappen. Die Ränder dabei fest zudrücken.

● **Schritt 8** Das Fett in einer Fritteuse erhitzen. Das Ei in einer Schüssel verquirlen und die Taschen damit bestreichen.

● **Schritt 9** Die Teigtaschen in der Fritteuse bei etwa 170 °C Fetttemperatur 10 Minuten lang ausbacken. Mit Chilisauce servieren.

Statt Brennnesseln schmecken für die Pita auch Huflattichblätter, Frauenmantel, Wiesenbärenklau und zarte Klettenblätter. Jeweils 5 Minuten blanchieren.

Auch dieses Rezept lässt sich vielfältig modifizieren. Entweder beschränkt man sich auf ein Wildgemüse bei der Füllung oder experimentiert mit unterschiedlichen Mischungen, um seinen Lieblingsgeschmack zu finden.

Es wird jedenfalls keiner vermuten, dass es sich bei der Füllung um »Unkraut« handelt. Wenn man die Kräuter schon nicht besiegen kann, kann man sie wenigstens genießen.

BRENNNESSELPITA AUF GRIECHISCHE ART

Zutaten

→ Brennnessel Seite 14

300 g fertigen Blätterteig • 1 kg Brennnesselspitzen und Brennnesselblätter 3 Zwiebeln • 1 Knoblauchzehe • Öl • Salz • Pfeffer aus der Mühle • Muskatnuss • griechische Gewürzmischung • 200 g Feta • 4 Eier • 5 EL Semmelbrösel 1 Eigelb zum Bestreichen

Zubereitung

● **Schritt 1** Den Blätterteig auftauen lassen oder nach einem beliebigen Blätterteigrezept selbst herstellen.

● **Schritt 2** Die Brennnesseln waschen, abtropfen lassen und in 1 Liter kochendes Salzwasser geben, darin etwa 5 Minuten blanchieren, dann abtropfen lassen und grob hacken.

● **Schritt 3** Die Zwiebeln und den Knoblauch abziehen, fein schneiden und in Öl glasig braten.

● **Schritt 4** Die Brennnesseln dazugeben und mit Salz, Pfeffer und Gewürzen abschmecken.

● **Schritt 5** Den Käse würfeln. Die Eier verquirlen und mit Semmelbröseln und Käsewürfeln unter die Brennnesseln mischen.

● **Schritt 6** Den Backofen auf 200 °C (Umluft 180 °C; Gas Stufe 3–4) vorheizen und auf Backpapier den Blätterteig ausrollen.

● **Schritt 7** Vier gleich große Stücke aus dem Blätterteig schneiden und jedes davon mit der Brennnesselmasse dick belegen. Den Blätterteig von allen Seiten gleichmäßig nach oben einschlagen und die Ränder fest zusammendrücken. Mit verquirltem Eigelb bestreichen, auf ein Backblech legen.

● **Schritt 8** Auf der mittleren Schiene im Backofen etwa 50 Minuten backen.

WILDKRÄUTERPIZZA

Zutaten

Für den Teig 20 g Hefe • 1/2 TL Zucker • 400 g Mehl • 1/2 EL Salz
60 ml Milch • 125 ml Wasser
Für den Belag 500 g Wildkräuter (z. B. Brennnesselblätter, Giersch, Gundermann, Liebstöckel, Löwenzahn) • 1 Zwiebel • 250 g Emmentaler • Salz
Pfeffer aus der Mühle • Oregano • Thymian

→ **Brennnessel Seite 14**
→ **Giersch Seite 22**
→ **Gundermann Seite 24**
→ **Liebstöckel Seite 34**
→ **Löwenzahn Seite 36**
→ **Thymian Seite 46**

Zubereitung

● **Schritt 1** Die Hefe mit 3 Esslöffeln lauwarmem Wasser und Zucker anrühren. Mehl in eine Schüssel geben und die gelöste Hefe hinzugeben. Mit Salz, Milch und Wasser zu einem Teig anrühren. Mit dem Handrührgerät den Teig so lange kneten, bis er sich vom Rand löst. Etwa 30 Minuten an einem warmen Ort gehen lassen.

● **Schritt 2** Wildkräuter gut waschen, abtropfen lassen und zusammen mit der geschälten Zwiebel grob hacken. Beides ganz kurz mit wenig Wasser garen; das Wasser abgießen und die Masse würzen. Anschließend die Mischung auf dem ausgerollten Teig verteilen und nach Belieben mit weiteren Zutaten belegen, würzen.

● **Schritt 3** Den Käse reiben und auf die Pizza geben. Im vorgeheizten Backofen bei 220 °C (Umluft 200 °C, Gas Stufe 4–5) auf der unteren Schiene etwa 25 Minuten backen.

Für diese Wildkräuterpizza kann alles verwendet werden, was die Natur an essbaren Wildpflanzen bietet. Mit Thymian- oder Rosmarinblüten und Kräutern kurz vor dem Servieren bestreut, ist diese Pizza auch ein Augenschmaus.

Varianten gibt es bei diesem Rezept genug. Man kann beispielsweise das Wildgemüse zu gleichen Teilen mit geschälten und pürierten Tomaten mischen. Originell und farbenfroh sieht auch eine Pizza aus, die kuchenstückförmig zwischen grünen Wildkräutern und roten Tomaten abwechselt.

Eine andere Variante ergibt sich, wenn man das Wildgemüse mit Quark und geriebenem Käse vermischt und als Belag verwendet. Durch verschiedene Gewürze lassen sich weitere Abwechslungsmöglichkeiten schaffen. Nebenbei: Auch ein Brennnesseldöner schmeckt gar nicht schlecht!

WILDKRÄUTER-GUACAMOLE

Zutaten

→ **Bärlauch Seite 11**
→ **Giersch Seite 22**
→ **Kleine Braunelle Seite 31**

2 reife Avocados • 2 EL Limettensaft • 250 g Tomaten • 1 Bund Frühlingszwiebeln • 1 rote Peperoni • 2 Chilischoten • 50 g Bärlauchblätter • 50 g Kleine Braunelle • 50 g Giersch • Salz • Pfeffer aus der Mühle • Essig nach Belieben Tacochips zum Garnieren

Zubereitung

Wer die Guacamole nicht so scharf mag, lässt die Chilischoten weg und nimmt fein gehackte Knoblauchsrauke, Bärlauch oder Beifuß und Zitronenmelisse.

● **Schritt 1** Die Avocados halbieren, den Kern entfernen und das Fruchtfleisch herauskratzen, mit Limettensaft beträufeln und mit dem Pürierstab pürieren oder mit einer Gabel zerdrücken. Die Avocadochalen beiseite legen.

● **Schritt 2** Tomaten waschen, kurz in heißes Wasser legen, enthäuten und fein hacken. Frühlingszwiebeln und Peperoni putzen und mit den Chilischoten klein hacken.

● **Schritt 3** Die Wildkräuter waschen und klein hacken.

● **Schritt 4** Alle Zutaten miteinander vermischen und mit dem pürierten Avocado-Fruchtfleisch verrühren.

● **Schritt 5** Mit Salz und Pfeffer abschmecken, eventuell noch einen Schuss Essig dazugeben.

● **Schritt 6** Die Guacamole in die leeren Avocado-Schalenhälften füllen und mit Tacochips garnieren. Dazu Maistortillas oder einfach nur Brot servieren.

Die mexikanisch inspirierte Avocadopaste ist auch ein herrlicher Brotaufstrich. Er passt gut auf Weißbrot und bekommt zusammen mit Schwarzbrot eine deftige Note.

WILDKRÄUTER-PAELLA

Zutaten

500 g Miesmuscheln • 1 geräucherte Mettwurst • 250 g Schweinefleisch
3 Knoblauchzehen • 2 Zwiebeln • 4 Tomaten • 1 kg Hähnchenteile
10 EL Olivenöl • 500 g Wildkräuter (Beinwell, Brennnesseln, Gänsefingerkraut,
Giersch, Löwenzahnblätter, Weißer Gänsefuß) • 1 Paprikaschote • 4 Arti-
schockenherzen aus dem Glas oder der Dose • 200 g Reis • 1/2 l Fleischbrühe
200 ml Weißwein • 1 kleine Dose Erbsen • 5–6 Scampi oder Krabben • 1/2 TL
Safran oder Gelbwurz (Kurkuma) • Salz • Pfeffer aus der Mühle • 1 Zitrone

→ **Beinwell Seite 13**
→ **Brennnessel Seite 14**
→ **Gänsefingerkraut Seite 22**
→ **Giersch Seite 22**
→ **Löwenzahnblätter Seite 36**
→ **Melde Seite 52**

Zubereitung

● **Schritt 1** Die Muscheln unter fließendem Wasser waschen und abbürsten, geschlossene Muscheln aussortieren.
● **Schritt 2** Die Mettwurst in feine Stücke schneiden, ebenso das Schweinefleisch.
● **Schritt 3** Die Knoblauchzehen abziehen und hacken, die Zwiebeln schälen und würfeln.
● **Schritt 4** Die Tomaten kurz überbrühen und schälen.
● **Schritt 5** Das Hähnchen tranchieren und in kleine, mundgerechte Stücke schneiden. Leicht salzen.
● **Schritt 6** 5 Esslöffel Olivenöl in einem Topf erhitzen. Die Hähnchenteile leicht würzen und etwa 10 Minuten anbraten.
● **Schritt 7** Das Schweinefleisch dazugeben und 5 Minuten braten.
● **Schritt 8** Wildkräuter und Paprika waschen und fein hacken, die Artischocken und die Tomaten ebenfalls klein schneiden. Alles zum Fleisch geben.
● **Schritt 9** Muscheln und Mettwurst ebenfalls dazugeben. Das Ganze gut verrühren und im Öl etwa 2 Minuten weiter schmoren lassen.
● **Schritt 10** Den Backofen auf etwa 180 °C (Umluft 160 °C; Gas Stufe 2–3) vorheizen.
● **Schritt 11** 5 Esslöffel Öl in einer feuerfesten Form erhitzen, den Reis, die Brühe und den Wein dazugeben. Die Mischung zum Kochen bringen.
● **Schritt 12** Wildgemüse, Fleisch, Muscheln, Erbsen, Scampi und Safran bzw. Gelbwurz ebenfalls in die Form geben und alles etwa 20 Minuten im Backofen gar werden lassen.
● **Schritt 13** Danach mit Salz und Pfeffer würzen und den Zitronensaft unterrühren, servieren.

Wildes Gebäck & wilder Kuchen

Wildkräuter bereichern Strudel und Pasteten, Quiches und pikante Kuchen und machen nicht einmal vor süßen Speisen Halt: Wie wäre es mit einer Lindenblätter- oder einer Felsenbirnentorte? Bäume und Sträucher liefern die Zutaten für feine Kuchen, bei denen man zuallerletzt an die Möglichkeit des Kochens und Essens denken würde. Vertrauter sind da schon die Holunderküchlein, mit denen schon unsere Großmütter ihre Lieben zum Nachtisch beglückten.

WILDKRÄUTERSTRUDEL

Zutaten

Für den Teig 425 g Mehl • 1/8 l lauwarmes Wasser • 5 EL Wildkräuteröl Rezept Seite 133) • 4 EL weiche Butter oder Margarine • 5 EL Milch • Salz
Für die Füllung 2 Knoblauchzehen • 1 Zwiebel • 250 g Quark • 1 kg Wildkräuter, bunt gemischt • 2 EL Schmand • Salz • Pfeffer aus der Mühle Gewürze nach Belieben • 50 g Butter

Zubereitung

● **Schritt 1** Mehl, Wasser, Öl, Butter, Milch und Salz zu einem geschmeidigen Strudelteig kneten. Der Teig muss weich und glatt sein, darf aber nicht kleben. Bei Bedarf können Sie auch ein Eigelb zufügen. Der Teig muss etwa 1 Stunde an einem warmen Ort ruhen.
● **Schritt 2** Knoblauchzehen und Zwiebeln abziehen und fein hacken. Wildkräuter waschen, abtropfen lassen und fein schneiden.
● **Schritt 3** Quark mit Wildkräutern, Knoblauch, Zwiebel und Schmand mischen. Mit Salz und Pfeffer abschmecken und die Gewürze hinzufügen.
● **Schritt 4** Den Backofen vorheizen. Die Butter zerlassen.
● **Schritt 5** Den Teig in 6 Stücke teilen und jedes Stück ausrollen. Jedes sollte ungefähr die Größe eines DIN-A4-Blattes haben.
● **Schritt 6** Jede Teigplatte mit der Füllung bestreichen und das Ganze aufrollen. Die Kanten gut zusammendrücken.

● **Schritt 7** Die Strudel nebeneinander in eine feuerfeste Form legen, mit Butter oder Margarine bestreichen und im Backofen etwa 30 Minuten backen.

Der Wildkräuterstrudel ist ein sättigendes Hauptgericht, aber natürlich sollte auch etwas Frisches dazu nicht fehlen: Ein knackiger Wildgemüsesalat passt gut. Wie wäre es mit einer Mischung aus Wilder Möhre, Weißer Taubnessel, Vogelmiere, Lindenblättern und Wiesenschaumkraut? Das Dressing machen Sie wie bei einem ganz »normalen« Salat mit Essig oder Zitrone, Öl und Gartenkräutern an.

LÖWENZAHNKUCHEN MIT KÄSE ÜBERBACKEN

Zutaten

→ **Löwenzahn Seite 36**

1 kg Löwenzahnblätter • 1 TL Salz • 100 g Butter • 4 Eigelbe • 250 g magerer Quark • 150 g Mehl • 3 EL Speisestärke • 125 ml Schmand oder Sahne • Salz Pfeffer • Muskatnuss • Cayennepfeffer • eine beliebige Gewürzmischung 150 g Semmelbrösel • 100 g geriebener Emmentaler • Butter und Semmelbrösel für die Form

Zubereitung

Mürbeteig eignet sich ebenfalls gut für den Löwenzahnkuchen, er wird dann ähnlich kross wie eine klassische Quiche.

● **Schritt 1** Die Löwenzahnblätter waschen und grob schneiden.
● **Schritt 2** Etwa 3 Liter Wasser mit Salz zum Kochen bringen und den Löwenzahn hineingeben, 5 Minuten darin blanchieren.
● **Schritt 3** Das Gemüse in ein Sieb schütten, abtropfen und auskühlen lassen.
● **Schritt 4** Backofen auf 180 °C (Umluft 160 °C; Gas Stufe 2–3) vorheizen.
● **Schritt 5** Butter und Eigelbe mit einem Handmixer schaumig rühren. Den Quark, das Mehl, die Speisestärke, Schmand oder Sahne, Salz, Pfeffer, Muskatnuss und die anderen Gewürze unterrühren.
● **Schritt 6** Den Löwenzahn ausdrücken und untermischen.
● **Schritt 7** Eine Springform mit 26 Zentimeter Durchmesser mit Butter ausstreichen und mit Semmelbröseln einstreuen.
● **Schritt 8** Löwenzahnmasse in Springform füllen; glatt streichen.
● **Schritt 9** Semmelbrösel mit dem geriebenen Käse vermischen und über den Kuchen streuen.
● **Schritt 10** Auf der unteren Schiene etwa 60 Minuten backen. Etwas abkühlen lassen und noch warm servieren.

Dieser Löwenzahnkuchen ist eine komplette Mahlzeit. Das Rezept lässt sich leicht auch auf andere Wildgemüsearten übertragen. Probieren Sie hier zum Beispiel mal eine Variante mit Giersch, Spitz- und Breitwegerich, Taubnesseln und Weißen Gänsefuß, Wilden Hopfen oder Guten Heinrich aus.

Die Geschmacksvarianten lassen sich zusätzlich durch die Gewürze gestalten. Sehr pikant ist ein griechischer Tsatziki-Kuchen mit Taubnesseln. Kein Mensch kommt Ihnen auf die Schliche, wenn Sie Ihren Freunden einen solchen Leckerbissen bei der nächsten Party servieren. Es sind völlig neue Geschmacksrichtungen, die alles andere als langweilig sind.

BRENNNESSELTORTE

Zutaten

400 g zarte Brennnesselblätter • 2 harte Brötchen • 2 Eier • 125 g Schinken Salz • Pfeffer aus der Mühle • Muskat • Gewürze nach Belieben • Fett für die Form • 1 Zwiebel • 1 EL Butter

Zubereitung

● **Schritt 1** Die Brennnesselblätter in wenig Salzwasser gar kochen, abtropfen lassen und im Mixer pürieren.

● **Schritt 2** Brötchen einige Zeit einweichen, die Eier trennen, den Schinken fein schneiden.

● **Schritt 3** Brötchen ausdrücken und mit den Eigelben, dem Schinken, den Gewürzen und dem Brennnesselpüree vermischen.

● **Schritt 4** Eiweiß zu einem sehr steifen Eischnee schlagen und unterziehen.

● **Schritt 5** Die Masse in eine gefettete feuerfeste Form füllen und im Wasserbad etwa 1 Stunde kochen lassen. Alternative: Man kann die Torte auch im vorgeheizten Backofen bei 200 °C (Umluft 180 °C; Gas Stufe 2–3) insgesamt 30 Minuten backen lassen.

● **Schritt 6** Die Zwiebel abziehen fein hacken, in der Butter bräunen und vor dem Servieren über die Torte streuen.

Probieren Sie beide Varianten von Schritt 5 aus, und sehen Sie selbst, welche am besten gelingt und schmeckt. Auch hier gilt wieder, dass man das Rezept mit anderen Wildgemüsen oder Mischungen verschiedener Sorten variieren kann.

→ **Brennnessel Seite 14**

Statt mit Brennnesseln gelingt die Torte auch mit allen Meldearten, zarten Kletteblättern oder Breitwegerichblättern.

*Neues Geschmacks-
erlebnis: Quiche mit
Wildkräutern und
Wildkräuteröl.*

WILDKRÄUTER-QUICHE

Zutaten

Für den Mürbeteig 250 g Mehl • 1 Eigelb • 1/2 TL Salz • 50 g Butter
Für die Füllung 750 g Wildkräuter • 2 Zwiebeln • 3 EL Wildkräuteröl
(Rezept Seite 133) • 200 g Hackfleisch • Salz • nach Wahl Gewürze • 2 Eier
125 g Schmand • fein gehackter Gundermann • 100 g geriebener Emmentaler

→ **Brennnessel Seite 14**
→ **Brunnenkresse Seite 16**
→ **Giersch Seite 22**
→ **Gundermann Seite 24**
→ **Löwenzahn Seite 36**
→ **Schafgarbe Seite 45**
→ **Breitwegerich Seite 46**
→ **Wiesenbärenklau Seite 53**

Zubereitung

● **Schritt 1** Aus Mehl, Eigelb, Salz, Butter und 2 bis 4 Esslöffeln Wasser einen Mürbeteig herstellen. Gut verkneten, in Küchenfolie oder ein feuchtes Handtuch einwickeln und 1/2 Stunde kühl stellen.

● **Schritt 2** Die Wildkräuter waschen und abtropfen lassen. Salzwasser zum Kochen bringen und die Wildkräuter darin 8 bis 10 Minuten blanchieren. Abtropfen und abkühlen lassen.

● **Schritt 3** Die Zwiebeln abziehen, klein schneiden und in Öl glasig braten. Das Hackfleisch dazugeben und weitere 5 Minuten scharf anbraten. Danach mit etwas Wasser aufgießen und etwa 5 Minuten dünsten lassen. Gewürze dazugeben und beiseite stellen.

● **Schritt 4** Den Boden und den Rand der Springform mit dem Mürbeteig auslegen. Die Wildkräuter mit dem gebratenen Hackfleisch vermischen und in die Form füllen.

**Für diese Quiche eignen
sich auch Breitwegerich,
Brennnessel, Brunnen-
kresse, Giersch, Löwen-
zahn, Schafgarbe ,
Spitzwegerich oder
Wiesenbärenklau.**

● **Schritt 6** Den Backofen auf 200 °C (Umluft 180 °C; Gas Stufe 3–4) vorheizen.
● **Schritt 7** Die Eier mit dem Schmand, Salz, Gundermann und Käse verquirlen und über das Gemisch gießen.
● **Schritt 10** Im Backofen etwa 35 Minuten backen.

BREITWEGERICH-EIERKUCHEN

Zutaten

1 kg Breitwegerichblätter • 1 altes Brötchen • 75 g geriebener Hartkäse
75 g Butter • Salz • Pfeffer aus der Mühle • Muskatnuss • 4 Eier

→ **Breitwegerich Seite 46**

Zubereitung

● **Schritt 1** Den Breitwegerich waschen und in reichlich sprudelnd kochendem Wasser etwa 2 Minuten garen. Abtropfen und abkühlen lassen. Mit den Händen gut ausdrücken und fein hacken.
● **Schritt 2** Das Brötchen mit dem Käse fein schneiden. Die Butter in einer Pfanne schmelzen und vom Herd nehmen.
● **Schritt 3** In einer Schüssel 3 Esslöffel flüssige Butter mit Breitwegerich, Brötchen und Gewürzen mischen; die Eier unterrühren.
● **Schritt 4** Die Butter in der Pfanne erneut erhitzen. Den Teig in die Pfanne gießen und zugedeckt bei mittlerer Hitze etwa 10 Minuten backen, bis er gestockt und an der Unterseite gebräunt ist.
● **Schritt 5** Den Kuchen in vier Stücke schneiden, wenden und weitere 2 Minuten backen. Sofort servieren.

Wildkräuter-Quiche und Breitwegerich-Eierkuchen: Das sind zwei Abendessen, zu denen man gemütlich ein Glas Wein trinken kann. Außerdem können Sie die Gerichte im Backofen wieder aufwärmen, ohne dass die Qualität darunter leidet.

HOLUNDERKÜCHLEIN

Zutaten

8 frisch gepflückte Holunderblütendolden • 250 g Mehl • 1 Ei • 1 gehäufter TL
Backpulver • 1 EL Zucker • 1 Päckchen Vanillezucker • 125 ml Milch
1 EL Öl • Fett zum Ausbacken • Zimt und Zucker zum Bestreuen

→ **Holunder Seite 28**

Zubereitung

● **Schritt 1** Die Holunderblüten im Freien auf einer sauberen Unterlage ausbreiten und einige Zeit liegen lassen.
● **Schritt 2** Aus Mehl, Ei, Backpulver, Zucker, Vanillezucker, Milch und Öl mit dem Handrührgerät einen Teig rühren und den dann eine Stunde ruhen lassen.

Ein traditionelles Rezept aus Omas oder Uromas Küche wiederentdecken: Holunderküchlein.

● **Schritt 3** Holunderblüten waschen und abtropfen lassen.

● **Schritt 4** Das Fett erhitzen, die Dolden in den Teig tauchen und im Fett schwimmend goldgelb ausbacken.

● **Schritt 5** Die Holunderblüten an den Stielen herausnehmen, auf Küchenpapier etwas abtropfen lassen, mit Zimt und Zucker bestreuen und sofort servieren.

Eine Fritteuse ist hierbei praktisch, man braucht sie aber nicht unbedingt. Uroma hatte auch keine!

HAGEBUTTENTORTE

Zutaten

→ **Hagebutte Seite 26**

200 g weiche Butter oder Margarine • 2 Eier • 150 g brauner Zucker
200 g gemahlene Haselnüsse • 1 TL gemahlene Vanille • 1 TL gemahlener
Ingwer • 1 Prise Salz • 300 g Mehl • 1 TL Backpulver • 200 g Hagebuttenmark
1 Eigelb • Puderzucker mit Zimt vermischt zum Bestäuben

Zubereitung

● **Schritt 1** Die Butter oder Margarine mit der Küchenmaschine schaumig rühren, nach und nach Eier und Zucker dazugeben. So lange rühren, bis der Zucker gelöst und die Masse weiß ist.

114

Schritt 2 Gemahlene Nüsse, Vanille, Mehl und Backpulver hineinrühren. Den Teig zugedeckt 1 bis 2 Stunden kalt stellen.

Schritt 3 Backofen vorheizen. Eine Springform mit 28 Zentimeter Durchmesser einfetten. Zwei Drittel des Teigs zwischen Klarsichtfolien ausrollen. Aus der Hälfte des restlichen Teigs eine Rolle formen, und so den Rand des Kuchens herstellen.

Schritt 4 Hagebuttenmark auf den Boden streichen. Den restlichen Teig ausrollen und damit den Kuchen bedecken.

Schritt 5 Eigelb verquirlen. Den Kuchen damit einpinseln. 50 bis 60 Minuten backen, bis er schön goldbraun ist. Auskühlen lassen und mit Puderzucker bestäuben. Nach Belieben Verzieren – und mit Schlagsahne servieren.

FELSENBIRNENTORTE

Zutaten

Für den Biskuitteig 4 Eiweiße • 5 EL kaltes Wasser • 170 g Zucker
4 Eigelbe • 200 g Mehl • 2 TL Backpulver • 30 g Kakao
Für die Füllung 500 g Felsenbirnen • 1 Prise Zimt • 1 Prise Muskat
1/2 l Schlagsahne • 2 TL Zucker • 30 g Raspelschokolade

Zubereitung

Schritt 1 Das Eiweiß mit dem Wasser vermischen und die Masse mit dem Handrührgerät zu einer steifen Masse schlagen. Den Zucker nach und nach zu der Masse geben.

Schritt 2 Eigelbe unterrühren, Mehl, Backpulver und Kakao bei kleiner Stufe unterheben und in eine mit Backpapier ausgelegte Tortenform geben. Bei etwa 190 bis 200 °C (Umluft 180 °C; Gas Stufe 3–4) im vorgeheizten Backofen 30 Minuten backen. Den Tortenboden erkalten lassen und zweimal waagerecht durchschneiden.

Schritt 3 Die Felsenbirnen waschen, entstielen, gut abtropfen lassen und mit Zimt und Muskat vermischen.

Schritt 4 Die Sahne mit Zucker steif schlagen.

Schritt 5 Den unteren Tortenboden auf eine Kuchenplatte setzen und mit einem Viertel der Sahne bestreichen. Ein Drittel der Felsenbirnen darauf verteilen. Den zweiten Tortenboden aufsetzen und ebenfalls mit den Felsenbirnen bestücken. Die Torte mit Sahne bestreichen und mit den restlichen Felsenbirnen dekorieren. Eine Stunde kalt stellen. Erst unmittelbar vor dem Verzehr aufschneiden.

→ **Felsenbirnen Seite 20**

Wer einen Felsenbirnenstrauch in seinem Garten stehen hat, sollte ihn alle zwei Jahre kräftig zurückschneiden. Er trägt dann im Folgejahr noch mehr Früchte. Wildfrüchte wie Brombeeren, Himbeeren, Heidelbeeren oder Walderdbeeren eignen sich ebenfalls sehr gut für diesen Kuchen.

Dieses Rezept lässt sich für alle wilden Beeren abwandeln. In diesem Buch wurden jedoch bewusst keine Rezepte mit Himbeeren oder Brombeeren aufgenommen, obwohl das die klassischen wilden Beeren sind: Man findet in jedem Backbuch Rezepte genug für diese Früchte. Aber eines steht fest: Wilde Himbeeren, Brombeeren und Walderdbeeren sind unvergleichlich aromatisch!

FELSENBIRNENDATSCHI

Zutaten

→ **Felsenbirne Seite 20**

Etwa 800 g Felsenbirnen für ein Kuchenblech

Für den Teig *200 g Butter • 100 g Zucker • 1 Ei • etwas Salz • 2 Tütchen Vanillezucker • 300 g Mehl*

Für die Marzipanmasse *50 g Puderzucker • 50 g Butter • 1 Ei • Zimt nach Geschmack • 30 g Marzipanmasse • 1 EL Mehl*

Statt Marzipanmasse kann man süßen Quark auf den Teig streichen. Sehr gut schmeckt auch eine dünne Lage Hagebutten- oder Vogelbeermark.

Zubereitung

● **Schritt 1** Die Felsenbirnen entstielen und gut waschen.

● **Schritt 2** Für den Teig Butter, Zucker, Ei, Salz und Vanillezucker verrühren und gut durchkneten. Am Schluss das Mehl hinzufügen und nochmals kräftig kneten.

● **Schritt 3** Den Teig in ein feuchtes Handtuch schlagen und einige Stunden in den Kühlschrank legen.

● **Schritt 4** Den Teig ausrollen und auf einem eingefetteten Backblech auslegen. Alle Zutaten für die Marzipanmasse miteinander vermischen und die Masse auf den Teig geben.

● **Schritt 5** Die Felsenbirnen gleichmäßig auf der Oberfläche verteilen und mit Zimt und Zucker bestreuen.

● **Schritt 6** Im vorgeheizten Backofen bei 220 °C (Umluft 200 °C; Gas Stufe 4–5) auf mittlerer Schiene etwa 40 Minuten backen.

● **Schritt 7** Den Datschi erkalten lassen, mit Sahne oder Puderzucker verzieren und servieren.

LINDENBLÄTTERTORTE

Zutaten

Für den Teig *5 Eier • 175 g Zucker • 150 g Mehl • 90 g Butter oder Margarine 1 Päckchen Vanillezucker • 1 TL Backpulver • Butter für die Form • etwas Mehl zum Ausstäuben der Form*

116

Für die Füllung *2 Hand voll junge Lindenblätter • 200 g Quark • 2 EL Wildkräuterhonig (Rezept Seite 121f.) • 40 g geriebene Haselnüsse • 50 ml Sahne
Zitronensaft oder Vanillezucker nach Wunsch*

Zubereitung

● **Schritt 1** Alle Zutaten für den Teig bereitstellen und auf Zimmertemperatur erwärmen lassen. Eine Springform ausbuttern und mit
etwas Mehl bestäuben.

● **Schritt 2** Butter schmelzen lassen, Eigelbe und Eiweiß trennen.
Eigelbe in eine Schüssel geben und den Zucker hinzufügen. Mit
dem Handrührgerät zu einer schaumigen Masse rühren, die weiß-
lich aussehen muss.

● **Schritt 3** Mehl und Backpulver über die Masse sieben. Die ge-
schmolzene Butter hinzufügen. Alles mit dem Handrührgerät untermischen. Backofen auf 180 °C (Umluft 160 °C; Gas Stufe 2–3) vorheizen.

**Verzieren Sie die
Lindenblättertorte
mit einigen frischen
Lindenblättern und
Nüssen oder mit kan-
dierten Blüten, z. B. mit
Veilchen oder Gänse-
blümchen.**

● **Schritt 4** Eiweiße steif schlagen und mit dem Backlöffel vorsichtig unter die Masse heben. Der Teig muss so viel Luft behalten wie
möglich.

● **Schritt 5** Die Bisquitmasse in eine Springform füllen und im vorgeheizten Backherd bei 180 °C circa 35 Minuten hellgelb backen.
Tortenboden erkalten lassen.

● **Schritt 6** Die Lindenblätter waschen, abtropfen lassen und fein
schneiden. Mit Quark, Honig, Nüssen und der Sahne vermengen.
Eventuell etwas Zitronensaft und Vanillezucker dazugeben.

● **Schritt 7** Den erkalteten Tortenboden einmal in der Mitte durchschneiden. Die Hälfte der Quark-Lindenblätter-Masse darauf geben
und glatt streichen.

● **Schritt 8** Tortenboden aufsetzen und den Rest der Masse oben
und an der Seite auftragen. Alles schön verstreichen und mit
12 kleinen Lindenblättern verzieren.

● **Schritt 9** Die Lindenblättertorte kühl stellen und erst
unmittelbar vor dem Verzehr aufschneiden.

Das ist eine typische Frühlingstorte im Mai, denn die
Linden sind Nachzügler beim Austreiben. Statt Lindenblättern kann man auch Wildfrüchte jeder Art in die Quarkmasse rühren. Besonders gesund im Frühjahr sind auch
junge Blättchen des Weißdorns, denn sie sind herzstärkend.

Wilde Marmeladen, Honig & Sirup

Früher war es wohl eher ein Muss für die Menschen, die Früchte des Sommers für die Nahrung im Winter zu konservieren. Heute, da die Supermärkte voll sind von Marmeladen in großer Vielfalt, besteht diese Notwendigkeit natürlich nicht mehr. Aber die Industrieware schmeckt ziemlich fade. Im Zweifelsfall bekommt man eine Zuckerpampe, vielleicht sogar noch mit künstlichem Aroma.

Wenn man das handelsübliche Obst zu selbst gemachten Marmeladen verarbeitet, schmeckt es schon um Klassen besser. Vor allem weiß man, dass tatsächlich Früchte in den Gläsern sind.

Doch das Aroma lässt sich nochmals steigern: Es gibt viele Früchte, die zum Beispiel an so genannten Ziersträuchern in den Vorgärten hängen, und kaum einer hat eine Ahnung davon, dass sie nicht nur essbar sind, sondern ausgesprochen gut schmecken.

Köstliches aus der Natur

Ein Beispiel ist die Felsenbirne, ein klassischer Zierstrauch, der im Frühling wunderschön weiß blüht und im Spätsommer dunkelblaue Beeren trägt, die von den Vögeln begeistert gefressen werden. Davon kann man nicht nur eine vitaminreiche Marmelade machen, sondern auch ein wunderbares Kompott. Allerdings ist das Pflücken etwas mühsam, aber bevor man seine Zeit im Garten mit Unkrautjäten verbringt, kann man auch die kostenlose Ernte in der freien Natur für den Kochtopf einholen.

Ein anderes Beispiel ist die Eberesche, auch Vogelbeere genannt. Sie wächst fast überall und erfreut mit ihren schönen roten Beerentrauben im Herbst die Augen. Roh kann man die Beeren zwar nicht essen, aber als Marmelade sind Vogelbeeren eine Köstlichkeit. Auch der selbst angesetzte Schnaps, der Likör und der Sirup aus den wilden Früchten schmecken besser als das, was im Supermarkt unter Markennamen angeboten wird.

Das gilt auch für die schier unerschöpflichen Verwendungsmöglichkeiten des Holunders. Er ist nicht nur eine wunderbare Heilpflanze, sondern auch ein Lieferant vitaminreicher, gesunder Nahrung.

Im Allgemeinen muss Marmelade etwa zwei Minuten sprudelnd kochen. Auf jeden Fall sollten Sie eine Gelierprobe machen: Einen kleinen Tropfen auf einen kühlen Teller geben: Er muss sofort die richtige Beschaffenheit aufweisen.

Die Liste lässt sich beliebig fortsetzen. Altes Wissen über Wildpflanzen ging im Laufe der Zeit verloren, aber ein paar Dinge kann jeder noch in die heutige Zeit des Internets hinüberretten. Das eine schließt das andere nicht aus, und es gibt in den Gartenforen der Internet-Provider interessante Chats zu diesem Thema (Seite 242). Es würde zu weit führen und den Rahmen des Buches sprengen, wenn man die Marmelade-, Honig- und Sirupvarianten aller nutzbaren Früchte aufzeigen wollte. Die Herstellung ist grundsätzlich immer die gleiche. Mit Phantasie und den geeigneten Gewürzen zaubert man neue Geschmacksnuancen. Es muss nicht Kiwi sein. Auch bei uns wachsen eine Menge köstlicher Pflanzen.

Ein paar Spezialitäten aus eigener Fertigung sollen hier vorgestellt werden, weil sie im Bekanntenkreis besonders gut angekommen sind. Die Früchte wachsen nahezu ins Wohnzimmer, doch denkt man meist nicht daran, etwas daraus zu machen. Aus den meisten Früchten kann man nicht nur leckere Marmeladen herstellen, sondern sie eignen sich genauso gut für Ansatzschnäpse, Liköre und Sirup, manchmal auch für Sekt und Wein.

MARMELADE AUS WILDPFLANZEN

Grundsätzlich kann man sagen: Marmeladen bestehen immer aus Früchten und Gelierzucker. Je nach Fruchtart ist der Pektinanteil höher oder niedriger, d. h., um so höher oder niedriger ist die Gelierfähigkeit und damit die Zuckermenge, die zugesetzt werden muss. Heute gibt es schon Gelierzucker, der im Verhältnis 3:1 arbeitet. Damit werden die Früchte haltbar gemacht, und man kann sich vorstellen, dass Marmelade aus drei Teilen Früchte einfach besser schmeckt, als wenn sie zur Hälfte aus Zucker besteht.

Grundrezept

Zutaten

3 kg reife Früchte oder Beeren • 1 kg Gelierzucker • Gewürze wie zum Beispiel Kardamom, Nelken, Zimt und andere • Schale einer unbehandelten Zitrone • Schnaps oder Likör

Zubereitung

● **Schritt 1** Die Früchte gut waschen, sorgfältig verlesen, bei Bedarf entkernen und entstielen.

● **Schritt 2** Steinfrüchte ganz lassen oder im Mixer zerkleinern, Brombeeren, Vogelbeeren oder Holunder durch ein Sieb passieren.
● **Schritt 3** Früchte, Saft oder Mus mit Gelierzucker nach Packungsangabe kochen oder Zucker einrieseln lassen, die Marmelade auf höchster Mixerstufe ca. 20 Minuten kalt rühren.
● **Schritt 4** Mit Gewürzen oder Schnaps und Likör verfeinern.
● **Schritt 5** Die fertige Marmelade in saubere, heiß ausgespülte Gläser füllen und gut verschließen. Kurz auf den Kopf stellen, dann wenden. Kühl lagern.

Zum Dekorieren kann man auf jedes Honigglas ein paar frische Blütenblätter der Pflanze geben, aus der man ihn bereitet hat. Das macht sich besonders hübsch, wenn man den Honig verschenken will.

DAMIT MARMELADE NOCH BESSER WIRD

Wenn man der Marmelade Zitronensäure in Pulverform zugibt, erhält sich nicht nur die Farbe der Früchte besser, sondern die Säure verstärkt auch ihr Aroma.

HONIG UND SIRUP AUS WILDPFLANZEN

Streng genommen handelt es sich nicht um Honig, dem Naturprodukt der Biene, sondern um einen Honigersatz. Grundlage jedes Wildkräuter- oder Wildfrüchtehonigs ist erst einmal ein Tee, also ein Aufguss mit heißem Wasser und Zucker, der oft auch als Sud bezeichnet wird. Dieser »Honig« wird als Brotaufstrich oder zum aromatischen Süßen verwendet.
Sirup ist Zuckersud mit Wasser oder Sekt verdünnt: ein reizvolles Getränk, und auch ein interessanter Aperitif.

Grundrezept

Zutaten
500 g Früchte oder Wildkraut (Stängel und Blüten)
2 l Wasser • 2 kg Zucker • 3 EL Zitronensäure

Zubereitung
● **Schritt 1** Die Früchte, Stängel oder Blüten in Wasser aufkochen und über Nacht oder mehrere Tage stehengelassen.
● **Schritt 2** Abseihen und den »Tee« mit Zucker versetzen.
● **Schritt 3** Danach erneut erhitzen. Der Zucker löst sich auf, wenn die Masse sprudelnd kocht.

● **Schritt 4** Danach geht man behutsamer vor: Auf kleinster Herdtemperatur wird die Flüssigkeit langsam eingedickt. Das dauert bis zu zwei Stunden. Am Schluss wird die Zitronensäure eingerührt.

● **Schritt 5** Lässt man mehr Flüssigkeit, kann man das Ergebnis als Sirup in Flaschen abfüllen. Dickt man stark ein, entsteht Honig, der in Marmeladegläser gefüllt wird.

Als delikates Gewürz für Marmelade haben sich gemahlene Nelken und Kardamom erwiesen.

● **Schritt 6** Beim Eindicken immer wieder eine Probe nehmen: In heißem Zustand ist die Flüssigkeit dünner als nach dem Erkalten. Also Vorsicht: Wer will schon »Leim« abfüllen, der nie mehr aus dem Glas zu holen ist!

HOLUNDERMARMELADE

Zutaten

→ **Holunder Seite 28**

1 kg reife, abgestielte und gewaschene Holunderbeeren • 600 g Gelierzucker 650 ml Wasser • 1 TL Zitronensäure • 1 TL Zimt

Zubereitung

● **Schritt 1** Holunderbeeren kochen; durch ein Sieb passieren.

● **Schritt 2** Wasser und Zucker so lange kochen, bis der Zucker Blasen bildet. Das Fruchtmark dazugeben. Etwa 20 Minuten lang bis zum Gelierpunkt rühren, Zitronensäure und Zimt hinzufügen.

● **Schritt 3** Die Marmelade in Gläser abfüllen.

● **Schritt 4** Die Gläser gut verschließen, etwa 10 Minuten auf den Kopf stellen, danach wieder umdrehen.

BERBERITZENMARMELADE

Zutaten

500 g verlesene, gewaschene, entstielte und gut abgetropfte Berberitzen 500 g Gelierzucker • Nelken, Zimt oder Schnaps zum Verfeinern

Zubereitung

● **Schritt 1** Die Früchte in eine Schüssel geben. Den Gelierzucker in wenig Wasser auflösen und darüber gießen. Alle abdecken und etwa 48 Stunden kalt stellen.

● **Schritt 2** Den Saft durch ein feuchtes Tuch ablaufen lassen und in einem Topf rasch kochen.

● **Schritt 3** Mit Nelken, Zimt bzw. Schnaps verfeinern.

Schritt 4 Sobald die Masse zu gelieren beginnt, sofort in saubere Gläser füllen, Deckel gut verschließen und die Gläser etwa 10 Minuten auf den Kopf stellen.

● **Schritt 5** Nach 10 Minuten wieder umdrehen. Damit ist der Inhalt luftdicht verschlossen und schimmelt nicht.

HAGEBUTTENMARMELADE

Zutaten

1,5 kg reife Hagebutten • 1 kg Gelierzucker • 1 TL Zitronensäure
2 Päckchen Vanillezucker

Zubereitung

● **Schritt 1** Die Hagebutten von Stil und Blüte befreien, halbieren, die Kerne entfernen und die Früchte abspülen.

● **Schritt 2** Die Früchte in einen Topf oder eine Schüssel geben und bis oben hin mit kochendem Wasser auffüllen.

● **Schritt 3** Das Ganze zudecken und über Nacht kalt stellen.

● **Schritt 4** Am nächsten Tag das Wasser zum größten Teil abgießen und die Hagebutten in der Restflüssigkeit weich kochen.

● **Schritt 5** Noch im heißen Zustand durch ein Sieb passieren.

● **Schritt 6** Das Fruchtmark in einen Topf gießen, Zitronensäure und Vanillezucker hinzufügen, den Gelierzucker unter Rühren einrieseln lassen und alles 2 bis 3 Minuten sprudelnd kochen.

● **Schritt 7** Sofort in vorbereitete Gläser gießen, diese gut verschließen und 10 Minuten auf den Kopf stellen, danach wieder umdrehen. So hält sich Marmelade besser.

Hagebuttenmarmelade ist die klassische Füllung von Faschingskrapfen. Industrielle Hagebuttenmarmelade wird meist mit Tomatenmark gestreckt und kommt an selbst gemachte Marmelade nie heran.

LÖWENZAHNHONIG

Zutaten

400 g gezupfte Löwenzahnblüten • 1,5 l Wasser • 2 TL Zitronensäure
1 kg Zucker

Zubereitung

● **Schritt 1** Löwenzahnblüten aus ihren Körbchen zupfen und im Wasser aufkochen. Den Sud 2 Tage stehen lassen; dem Sud durch ein Haarsieb gießen und die Blüten zusätzlich noch einmal vorsichtig ausdrücken.

→ **Löwenzahn Seite 36**

123

● **Schritt 2** Die Blütenflüssigkeit noch einmal aufkochen, Zitronensäure zusetzen und den Zucker langsam während des Erwärmens einrühren.

● **Schritt 3** Den Herd auf die niedrigste Stufe einstellen und die Flüssigkeit langsam eindicken. Von Zeit zu Zeit eine Probe machen, damit der Honig nicht zu dick wird.

Der wilde Sirup eignet sich hervorragend zum Backen, als Brotaufstrich und zum Süßen von Tee.

● **Schritt 4** In saubere Gläser abfüllen und Gläser beschriften. Bei richtiger Konsistenz ist dieser Honig optisch kaum von einem Bienenhonig zu unterscheiden.

HOLUNDERSIRUP

Zutaten

→ **Holunder Seite 28**

20 Dolden Holunderblüten • 2,5 l Wasser • 1 kg Zucker • 3 TL Zitronensäure

Zubereitung

● **Schritt 1** Die Blütendolden etwa 2 Stunden im Freien lagern, damit sich die Insekten entfernen können.

● **Schritt 2** Das Wasser zum Kochen bringen und den Zucker einrühren, bis er sich gelöst hat.

● **Schritt 3** Die Dolden in ein großes Gefäß geben und das Zuckerwasser darüber gießen. Die Zitronensäure einrühren.

● **Schritt 4** Etwa 5 Tage stehen lassen, danach durch ein Haarsieb gießen, aufkochen lassen und in saubere Flaschen abfüllen, gut verschließen.

Ackerminze schmeckt besonders würzig als Honig, es lassen sich aber auch alle anderen Arten von Minze verwenden. Ackerminzehonig eignet sich besonders zum Süßen von Früchtetee oder als Beilage zu gebratenem Lammfleisch.

ACKERMINZEHONIG

Zutaten

1 großer Strauß Ackerminze aus dem Wald • 2,5 l Wasser • 1,5 kg Zucker
4 TL Zitronensäure

Zubereitung

● **Schritt 1** Die Ackerminze etwa 2 Stunden im Freien lagern, damit sich die Insekten entfernen können. Stängel auf etwa 10 Zentimeter Länge schneiden.

● **Schritt 2** Wasser zum Kochen bringen und darin den Zucker einrühren, bis er sich vollständig gelöst hat. Zitronensäure zugeben.

● **Schritt 3** Ackerminze in den Topf mit Zuckerwasser einlegen.

● **Schritt 4** Etwa 3 Tage stehen lassen. Danach das Kraut entfernen und die Flüssigkeit aufkochen lassen. Langsam eindicken.
● **Schritt 5** In Twist-off-Gläser einfüllen, ein frisches Minzeblatt zur Dekoration einlegen und fest verschließen. Die Gläser 10 Minuten auf den Kopf stellen und danach wieder umdrehen.

BROMBEERMARMELADE

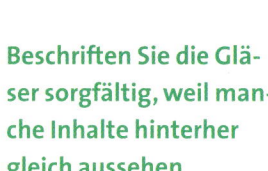

Zutaten
1 kg Wildbrombeeren • 1 kg Gelierzucker

Zubereitung
● **Schritt 1** Brombeeren säubern, möglichst nicht waschen, um das Aroma zu erhalten.
● **Schritt 2** Die Früchte mit dem Handrührgerät pürieren.
● **Schritt 3** Den Zucker einrieseln lassen, die Marmelade auf höchster Mixerstufe ca. 20 Minuten rühren, bis sie dicklich wird.
● **Schritt 4** In saubere Gläser füllen; gut verschließen. Kühl lagern.

Beschriften Sie die Gläser sorgfältig, weil manche Inhalte hinterher gleich aussehen.

Eine interessante Geschmacksvariante für den Brotaufstrich: Ackerminzehonig.

Schnaps, Likör, Wein & Sekt

Dass man aus allen möglichen Früchten und Pflanzen Alkoholika herstellen kann, ist keine Neuigkeit. Außerdem gibt es zu diesem Thema reichlich Spezialliteratur. Ein paar Worte zu den geistvollen Getränken sollen aber auch in diesem Buch nicht fehlen, denn es gibt ein paar Wildkräuter, die als Schnaps oder in anderer Form noch nicht so bekannt sind. Dazu kommt der Gesundheitsaspekt, denn in Maßen getrunken kann Alkohol ein richtiges Lebenselexier sein.

GRUNDREZEPT FÜR SCHNAPS AUS WILDPFLANZEN

Zutaten

Mehrere Zweige eines Wildkrauts oder Früchte (so viel, dass Sie locker in eine Flasche passen) • Doppelkorn oder Wodka für die ausgewählte Flaschengröße

Zubereitung

● **Schritt 1** Man nimmt Zweige eines Wildkrauts oder Früchte und steckt sie in saubere Flaschen. Der Hals der Flasche sollte nicht zu eng sein, damit man bei weiterer Verwendung die Flascheninhalte auch wieder entfernen kann.

● **Schritt 2** Danach übergießt man die Kräuter und die Früchte mit Doppelkorn oder Wodka, auf jeden Fall mit einem Schnaps, der wenig Eigengeschmack hat. Dadurch kommt der Geschmack der Kräuter oder der Früchte voll zur Geltung.

● **Schritt 3** Man lässt das Ganze ein paar Wochen stehen und schüttelt die Flaschen jede Woche einmal kräftig durch. Es kommt auf den Inhalt an, ob man das Gebräu etwas länger lagern muss, damit es gut schmeckt, oder ob man gleich ans Verkosten gehen kann. Die Likörherstellung ist grundsätzlich genauso einfach:

GRUNDREZEPT FÜR LIKÖR AUS WILDPFLANZEN

Zutaten

Kräuter oder Wildfrüchte (so viel, dass sie locker in eine Flasche passen) Kandiszucker • Wasser • Schnaps

Zubereitung

● **Schritt 1** Man löst Kandiszucker in Wasser auf oder stellt eine andere Zuckerlösung her.

● **Schritt 2** Die Zuckerlösung und der Schnaps werden über die Kräuter oder über die Früchte gegossen.

● **Schritt 3** Das Ganze muss ein paar Wochen stehen und reifen, und danach kann genossen werden.

Manche Wildkräuter eignen sich sogar zur Herstellung von Sekt, etwa Löwenzahn oder Holunder. Im folgenden Rezeptteil finden Sie ein paar Anregungen für Ihren eigenen Schnaps, Likör oder Sekt aus Wildkräutern und Früchten.

WALDMEISTERLIKÖR

Zutaten

→ **Waldmeisterlikör Seite 50**

50 Stämmchen Waldmeister • 2 EL Zitronensäure • 1,5 l Wodka oder Doppelkorn • 300 g Zucker • 0,5 l Wasser • einige Stämmchen frischen Waldmeister zur Dekoration

Zubereitung

● **Schritt 1** Der Waldmeister muss zunächst welken, um sein volles Aroma zu entwickeln. Er wird in ein großes Glas mit 2 Liter Fassungsvermögen gegeben.

Waldmeister wird geerntet, wenn er geöffnete Blüten hat. Das ist im Allgemeinen Anfang Mai der Fall.

● **Schritt 2** Zitronensäure und Alkohol darüber gießen, das Glas verschließen und 5 Wochen am Fenster in die Sonne stellen.

● **Schritt 3** Dann den Schnaps durch ein Sieb schütten.

● **Schritt 4** In einem Topf das Wasser erhitzen und den Zucker einrühren, bis er sich aufgelöst hat.

● **Schritt 5** Diesen Sirup auskühlen lassen und mit dem Waldmeisterschnaps mischen.

● **Schritt 6** In Flaschen abfüllen und gut verschließen. Nach etwa einem Monat ist dieser Likör eine Delikatesse.

HAGEBUTTENLIKÖR

Zutaten

→ **Hagebuttten Seite 26**

250 g Hagebutten • 1 Vanilleschote • 150 g brauner Kandiszucker 0,7 l Wodka oder klarer Schnaps • ganze Früchte zur Dekoration

Zubereitung

● **Schritt 1** Die Hagebutten waschen, Blütenansätze und Stiele abschneiden, die Früchte halbieren, mit einem kleinen Löffel Härchen
und Kerne herausschaben, Früchte in einem Sieb unter fließendem
Wasser abspülen und abtropfen lassen.

● **Schritt 2** Hagebutten in Stückchen schneiden, in ein großes Glas
füllen. Die Vanilleschote längs halbieren. Mit dem Kandiszucker zu
den Hagebutten geben.

● **Schritt 3** Wodka oder Schnaps darüber gießen und gut durchschütteln. Das Glas schließen und 6 bis 8 Wochen stehen lassen.
Zwischendurch immer wieder einmal schütteln. Der Kandiszucker
löst sich völlig auf.

● **Schritt 4** Likör abgießen und noch 2 Wochen stehen lassen.
Zur Dekoration kann man ganze Früchte in die Flaschen geben.

*Waldmeister entfaltet
sein Aroma erst, wenn er
leicht angewelkt ist:
Etwa zehn Minuten nach
der Ernte kommt das
Aroma voll zur Geltung.*

WALDMEISTERBOWLE

Zutaten

*1 Sträußchen Waldmeister • 2 Flaschen trockener Weißwein • 1 Flasche Sekt
Waldmeisterblättchen zur Dekoration*

→ **Waldmeister Seite 50**

Zubereitung

● **Schritt 1** Das Waldmeistersträußchen in ein Bowlegefäß legen
und mit 1 Flasche trockenen Weißwein übergießen und etwa 5 bis
10 Minuten ziehen lassen.

● **Schritt 2** Den Waldmeister wieder herausnehmen.

● **Schritt 3** Die zweite Flasche Wein und den gekühlten Sekt dazugießen und die Bowle im Kühlschrank 2 Stunden lang auf 7 °C
abkühlen lassen. Zum Dekorieren Waldmeisterblätter einlegen.

HOLUNDERSEKT

Zutaten

*4 große Holunderblütendolden • 1 ungespritzte Zitrone
1/8 l Weinessig • 500 g brauner Zucker • 5 l Wasser*

Zubereitung

● **Schritt 1** Die Holunderblüten gut abwaschen, damit
alle Insekten aus der Blüte entfernt sind.

*Die traditionelle Maibowle
mit Waldmeister können
Sie geschmacklich nach
einem Rezept aus der Pro-
vence verfeinern, mit frischen Estragon, Pimpi-
nelle, Salbei und Thymian.*

● **Schritt 2** Die Blüten in einen großen Topf legen. Zitrone klein schneiden und darüber verteilen.

● **Schritt 3** Weinessig darüber gießen und Zucker darüber streuen.

● **Schritt 4** Wenn der Zucker aufgelöst ist, abgekochtes Wasser darüber gießen und gut umrühren.

● **Schritt 5** Den Saft nach etwa drei Tagen in dickwandige Flaschen füllen, gut verschließen und kalt stellen.

BRENNNESSELBLÜTENSCHNAPS

Zutaten

→ **Brennnessel Seite 14**

1 Hand voll Brennnesselblüten • 1 Flasche Schnaps

**Nur die Blüten, nicht die
Blätter werden für den
Schnaps verwendet, der
damit eine gelbe Farbe
bekommt und ziemlich
herb schmeckt. Er ist mehr
Medizin als Genussmittel.**

Zubereitung

● **Schritt 1** Brennnesselblüten in eine Flasche stecken und mit Schnaps übergießen.

● **Schritt 2** Gut durchschütteln und 4 Wochen stehen lassen. Zwischendurch immer wieder gut durchschütteln.

● **Schritt 3** Schnaps durch einen Kaffeefilter in eine neue, gut gereinigte Flasche gießen, fest verschließen und weitere 2 Wochen stehen lassen. Jeden Tag ein Gläschen Brennnesselschnaps – das soll gut für das ganze Verdauungssystem sein.

LÖWENZAHNSEKT

Zutaten

1 große Küchenschüssel voll gezupfter Löwenzahnblüten • 2,5 l Wasser
2 TL Zitronensäure • 1,5 kg Zucker • 10 g frische Hefe

Zubereitung

● **Schritt 1** Löwenzahnblüten ohne Kelch in einen großen Topf schichten und fest zusammendrücken.

● **Schritt 2** Das Wasser und die Zitronensäure darüber gießen und etwa eine 1/2 Stunde kochen lassen.

● **Schritt 3** Den Saft durch einen Kaffeefilter abgießen. Noch heiß mit dem Zucker verrühren.

● **Schritt 4** Die Hefe mit so viel Wasser verrühren, dass ein Brei entsteht.

● **Schritt 5** Saft mit Zucker und Hefe in einen Topf geben und etwa 1 Woche gären lassen.

● **Schritt 6** Die Flüssigkeit in ein anderes Gefäß filtern, damit die Trubstoffe entfernt werden und danach in fest verschließbare Flaschen mit Schraubverschluss füllen.

● **Schritt 7** Die Flaschen werden im Dunkeln, am besten im Keller, Kopf nach unten, 2 Monate gelagert. Danach ist der Sekt Marke Eigenbau genussfertig.

VOGELBEERSCHNAPS

Zutaten

250 g Vogelbeeren • 50 g brauner Kandiszucker • 1 Flasche Wodka

→ **Vogelbeere Seite 48**

Zubereitung

● **Schritt 1** Flaschen gut mit heißem Wasser ausspülen.

● **Schritt 2** Die ganzen Vogelbeeren in die Flaschen füllen, bis etwa 5 Zentimeter unterhalb des Flaschenhalses.

● **Schritt 3** Kandiszucker in die Flasche hineinschichten und dann den Schnaps darüber gießen.

● **Schritt 4** Die Flasche fest verschließen und ab und zu gut durch schütteln.

● **Schritt 5** Etwa 4 Wochen auf der Fensterbank in der Sonne stehen lassen. Immer wieder einmal gut durchschütteln.

Essig & Öl

Essig und Öl sind besonders gut geeignet, um das unverwechselbare Aroma von Wildkräutern auch über die Erntezeit hinaus für Speisen zu konservieren. In hochwertigem Öl eingelegte Kräuter verleihen jedem Gericht ein wunderbares Aroma. Essig und Öl gehören einfach zu jedem Salat. Gut erhitzbares Öl ist auch Bestandteil fast jeder gebratenen Speise. Besonders die östliche Küche verwendet Essig auch für Suppen und Eintöpfe.

TIPP

Möchten Sie Wildkräuteröle oder Wildkräuteressige herstellen, dann sollten Sie das ganze Jahr über Flaschen sammeln – entweder Flaschen mit Schraubverschluss oder handelsübliche leere Ölflaschen.

GRUNDREZEPT FÜR WILDKRÄUTERÖL

Zutaten
Wildkräuter (so viel, dass sie noch locker in eine Flasche passen; die Kräuter müssen mit Flüssigkeit bedeckt sein!) • Öl für 1 Flasche

Zubereitung
- **Schritt 1** Wildkräuter gut abwaschen und abtrocknen.
- **Schritt 2** In Flaschen geben.
- **Schritt 3** Öl bzw. Essig darüber gießen und die Mischung mindestens 2 bis 3 Wochen stehen lassen.

Eine Auswahl treffen

Generell gilt: Immer nur eine einzige Wildpflanzenart verwenden, da der Eigengeschmack jeder Pflanze sehr intensiv ist. Beim Kochen sollte man auch darauf achten, dass man auf keinen Fall Essig und Öl auf Wildkräuterbasis gleichzeitig verwendet, da sich die Aromen sonst gegenseitig übertönen. Verwenden Sie nur frische Kräuter für die Zubereitung von Gewürzessig und -öl, da deren Inhaltsstoffe vom Essig und Öl besser verwertet werden können.

Nach eigenem Geschmack

Hobbyköchen bietet sich bei der Herstellung von Kräuteressig und Kräuteröl ein weites Experimentierfeld. Auch wenn es schön aussieht, wenn Kräuter monatelang in einer Flasche zu sehen sind: Auf die Wirkung hat das keinen Einfluss, denn schon nach etwa drei Wochen sind alle Bestandteile im Öl oder im Essig vorhanden, und weitere Stoffe können nicht herausgezogen werden.

Grundsätzlich eignen sich alle Wildkräuter für die Herstellung. Persönliche Erfahrungen zeigen, dass manche Wildkräuter völlig neue Geschmacksrichtungen ergeben, die man bisher nicht gekannt hat. Dazu gehören z. B. Bärlauch, Beifuß, Giersch, Gundermann, Hirtentäschel, Petersilienblüten, Sellerieblüten, Schafgarbe und Wilde Möhre. Alle genannten Kräuter können auch sehr gut in Öl eingelegt werden, wobei die Intensität des Geschmacks etwas geringer ist. Manche Wildpflanzen haben einen intensiveren Charakter und manche weniger. Im Folgenden finden Sie einige Rezepthighlights aus meiner Wildpflanzenküche.

Essig zieht genau wie Alkohol wichtige Inhaltsstoffe aus der Pflanze heraus und konserviert sie. Am besten eignet sich klarer, neutraler Weinessig als Basis für Wildkräuteressig, weil Essig dann die Farbe der Kräuter annimmt.

SELLERIEBLÜTENESSIG

Zutaten

Pro 0,7-l-Flasche etwa 4 Blütendolden des Selleries • 1 TL Senfkörner
1 TL Pfefferkörner • 1 Chilischote • 1 Flasche Essig

Zubereitung

● **Schritt 1** Flasche mit heißem Wasser gut ausspülen und die Dolden mit einem Essstäbchen mit dem Kopf nach oben durch den Flaschenhals schieben.

● **Schritt 2** Gewürzkörner dazugeben und die Flasche schütteln.

● **Schritt 3** Mit einem Trichter den Essig dazugießen, Flasche verschließen und nochmals kräftig schütteln.

● **Schritt 4** Nach etwa 3 Wochen ist der Essig gebrauchsfertig.

KNOSPEN IN ESSIG (FALSCHE KAPERN)

Zutaten

Noch geschlossene Blütenknospen, beispielsweise von Bärlauch, Gänseblümchen, Kapuzinerkresse, Löwenzahn, Wiesenbocksbart und Schnittlauch Essig • Pfeffer- und Senfkörner

Zubereitung

● **Schritt 1** Die Knospen werden gut gewaschen und auf einem Küchenhandtuch getrocknet.

● **Schritt 2** In ein leeres Marmeladeglas mit Twist-Off-Verschluss einschichten und mit Essig übergießen, Gewürze zugeben.

● **Schritt 3** Das Glas verschließen und 3 Wochen stehen lassen. Nach dem Lagern können die Knospen für Fischmarinaden, im Salat oder zum Snack zwischendurch verwendet werden.

Das Rezept »Knospen in Essig« stellt einen wohlschmeckenden Ersatz für Kapern dar, wenn nicht sogar mehr als das, denn die Knospen schmecken wesentlich besser als die handelsüblichen Kapern.

Wildkräuter lassen sich konservieren, indem man sie in Marmeladegläser füllt und mit einer Mischung aus Salzwasser und Essig überbrüht. Die so entstehende Brühe kann man für Gemüse und Eintöpfe verwenden.

ESSIG AUS WILDPFLANZEN

Wie »«Knospen in Essig« eingelegt werden: Ackerminze, Beifuß, Giersch, Gundermann, Hirtentäschel, Holunder, Kleine Braunelle, Knoblauchsrauke, Liebstöckel, Petersilienblüten, Schafgarbe, Sellerieblüten, Waldmeister, Wilde Möhre und Zitronenmelisse. Bei zarten Aromen wie von Rosen, Waldmeister oder Veilchen lässt man die Gewürze weg.

BÄRLAUCHÖL

Zutaten

10 bis 20 Bärlauchblätter • 1 l Olivenöl

Zubereitung

● **Schritt 1** Die Bärlauchblätter noch vor der Blüte Ende April sammeln, waschen, abtropfen lassen und in Streifen schneiden.

● **Schritt 2** Einmachglas zur Hälfte mit den Blättern füllen.

● **Schritt 3** Das Öl darüber gießen und das Glas verschließen.

● **Schritt 4** Etwa 4 Wochen lang kühl stellen, am besten im Kühlschrank. Danach in Flaschen umfüllen.

Die gleiche Herstellungsmethode gilt für Bärlauch, Beifuß, Giersch, Gundermann, Hirtentäschel, Knoblauchsrauke, Schafgarbe, Sellerieblüten, Wilde Möhre und Waldmeister.

Getrocknete Wild-
kräuter & Heiltees

Es gibt einige Dinge, die Sie unbedingt beachten sollten, wenn Sie Kräuter ernten, die Sie trocknen möchten. Einer der wichtigsten Punkte ist, dafür zu sorgen, dass die Pflanzen beim Ernten so wenig wie möglich verletzt werden. Schneiden Sie am besten den Stängel in voller Länge ab, und binden Sie nicht zu dichte Sträuße davon. Hängen Sie die Sträuße an einem schattigen Platz auf. Vermeiden Sie die direkte Sonneneinstrahlung.
Ernten Sie nur Kräuter, die offensichtlich frei von Krankheiten und Schädlingen sind. Verschmutzte Kräuter hält man kurz unter kaltes Wasser, bevor man sie zum Trocknen aufhängt.

Der beste Erntezeitpunkt

Um den intensivsten Geschmack und die höchste Qualität der getrockneten Kräuter zu erhalten, ist der frühe Vormittag für die Ernte der geeignete Termin, wenn sich der Tau gerade verflüchtigt hat. An Regentagen sollte man keine Wildkräuter zum Trocknen ernten.
Generell gilt: Alle Wildkräuter haben den größten Gehalt an Inhaltsstoffen, kurz bevor sich die Blüten öffnen. Blüten haben den höchsten Wirkungsgrad, wenn sie sich gerade geöffnet haben. Samen werden gesammelt, kurz bevor sie reif sind. Wurzeln erntet man im zeitigen Frühjahr oder im Herbst. So kann man das ganze Jahr über verschiedene Pflanzenteile ernten.

Kräuter trocknen

Um Pflanzen mit einem minimalen Verlust der flüchtigen Öle zu trocknen, brauchen sie Wärme, Dunkelheit und Luft. Die ideale Temperatur liegt zwischen 21 und 33 °C, auf keinen Fall über 36 °C. Grob könnte man sagen: Die Körpertemperatur des Menschen ist das Maß für die richtige Temperatur. Kräuter trocknen unterschiedlich schnell. Der Zeitraum liegt zwischen drei und zwölf Tagen, abhängig vom Pflanzenteil und der Pflanzenart.

Ein luftiger Platz ist wichtig, damit die von den Kräutern aufsteigende Feuchtigkeit schnell von der Umgebungsluft aufgenommen werden kann. Dunkelheit oder Schatten verhindern das Oxidieren, das zu Geruchs- und Geschmacksveränderungen führen würde.

Trockenroste selbst gemacht

Die zu trocknenden Kräuter können auch auf Gitterrosten, die man sich selbst baut, ausgebreitet werden. Die Praxis hat gezeigt, dass man zum Trocknen sehr gut Gemüsekisten verwenden kann, die der Gemüsehändler normalerweise wegwirft. An den vier Eckpfosten lässt sich Fliegengaze befestigen. Zum Trocknen kann man die Wildkräuter gut in den Kisten stapeln, denn es ist genügend Luft für die Zirkulation vorhanden. Die Länge der Trockenzeit ist von Wildkraut zu Wildkraut verschieden. Die Blätter sind richtig getrocknet, wenn sie bei Berührung in viele kleine Stücke zerbrechen. Stängel dürfen sich nicht mehr biegen lassen, sondern müssen ebenfalls brechen. Samen sollten ohne zusätzliche Wärme an einem luftigen Platz getrocknet werden. Die beinahe ausgereiften Samenköpfe kann man in Papiertüten hängen, so dass die meisten Samen, wenn sie reif sind, in die Tüte fallen. Das dauert etwa zwei Wochen.

Schnelltrocknung

Manche Kräuter können im Backofen in etwa drei bis sechs Stunden getrocknet werden. Die Backofentür sollte während der Trocknung leicht geöffnet bleiben. Prüfen Sie den Fortschritt von Zeit zu Zeit, um die Kräuter nicht zu überhitzen. Wichtig: Die Temperatur darf 50 °C nicht überschreiten.

Lagerung

Wenn die Wildkräuter getrocknet sind, zerstampft man sie entweder in einem Mörser oder zerreibt sie zwischen den Fingern. Getrocknetes Material muss im Dunkeln aufbewahrt werden, deswegen sind braune Gläser für die Aufbewahrung von Trockenkräutern am besten geeignet. Generell halten sich getrocknete Wildkräuter etwa sechs Monate – das reicht meistens aus, bis das frische Kraut ein Jahr später nachgewachsen ist.

Die Schnelltrocknung sollten Sie nur dann in Erwägung ziehen, wenn Sie wenig Platz zum normalen Trocknen haben. Es gehen dabei immer wertvolle Inhaltsstoffe verloren. Im Übrigen: Zum Trocknen aufgehängte Kräutersträuße duften herrlich und schaffen ein gutes Raumklima.

Geeignete Kräuter

Kräuter, die sich gut trocknen lassen, sind beispielsweise Ackersenf, Beinwell, Brennnessel, Kleine Braunelle, Brombeerblätter, Frauenmantel, Giersch, Gundermann, Hirtentäschel, Johanniskraut, Kamille, Knöterich, Liebstöckel, Minze, Pfefferminze, Rosmarin, Salbei, Schafgarbe, Thymian, Waldmeister, Zinnkraut und Zitronenmelisse.

Wildkräuter tiefgefrieren

Wenn Sie eine Tiefkühltruhe besitzen, können Sie einige Kräuter auch einfrieren. Sie sollten aber darauf achten, dass die Behälter nicht zu groß sind, da einmal aufgetaute Kräuter nicht wieder eingefroren werden können. Frieren Sie deshalb besser Einzelportionen ein. Kräuterzweige können in lose Bündel zusammengefasst und in Gefrierbeutel gelegt eingefroren werden. Vergessen Sie nicht, den Beutel zu beschriften. Vorheriges Blanchieren ist unnötig. Wenn Sie Kräutermischungen zusammenstellen wollen, können Sie später das ganze Bündel ohne Auftauen in den Kochtopf werfen.

Nützliche Informationen

Im Internet gibt es zahlreiche Fundstellen und Foren, die sich mit dem Thema Wildgemüse und Wildkräuter befassen (Seite 142).
Am besten verwendet man eine Suchmaschine wie Yahoo, Web oder Altavista und gibt die Stichwörter »Wildkräuter« oder »Wildgemüse« ein, bzw. man sucht gezielt nach den Pflanzennamen. Allerdings kann man dann sicher sein, dass die Informationsflut mit Tausenden von Dokumenten überbordet. In diesem Zusammenhang findet man auch die Homepages von Gasthöfen, die sich auf die Zubereitung von Wildgemüsen spezialisiert haben, sowie Versandhandelsunternehmen, die Wildkräutersamen vertreiben. Einen Versuch im eigenen Garten ist es auf jeden Fall wert, wenn man in der Nähe keine Fundstelle hat, wo die Pflanzen wild wachsen. Da auch einige Dritte Programme des Fernsehens und der Rundfunkanstalten regelmäßige Wildkräutersendungen auf dem Programm haben, findet man auch in deren Begleitmaterial interessante Rezepte, vor allem in Österreich und der Schweiz.

Eine praktische Idee am Rande: Kräuter mit Wasser in einem Eiswürfelbehälter einfrieren. Die einzelnen Würfel sind dann schon portioniert.

● Wildpflanze	● Geschmack	● Gerichte	● Verwendung	● Seite
Bärlauch	Knoblauchartig	Salate, Suppen, Eintöpfe, Braten, Pilze, Fische, Kartoffeln, Gemüse	Blätter und Blüten, Zwiebeln	11
Beifuß	Herb, bitter	Geflügelbraten, Suppen, Eintöpfe, Schmalz	Blätter	12
Beinwell	Würzig, gurkig	Salat, Gemüse, Säfte, Teige, Omeletts	Blätter, Achtung: Wurzel ist leicht giftig!	13
Berberitze	Herb, fruchtig	Säfte, Marmeladen, Mix-Getränke, Mehl	Beeren, auch getrocknet für Mehl	14
Brennnessel	Spinatartig	Salat, Gemüse, Eintöpfe, Gebäck, Tee, Schnaps, Likör	Blätter, Blütentrauben	14
Brombeere	Herb säuerlich	Marmelade, Tee	Blätter, Früchte	15
Brunnenkresse	Scharf, würzig	Salate, für Quark- und Frischkäse-Mischungen	Blätter	16
Distel	Leicht süßlich	Salate	Blätter, Sprossen	17
Dost/Majoran/Oregano	Herb würzig (Pizza-Geschmack)	Pizza, Salate, Gemüse, Braten, Kartoffelgerichte, Tee	Blätter, Blüten	18
Estragon	Aromatisch bitter	Braten, Kräuterbutter, Fisch, Salat, Gemüse, Tee	Blätter	19
Felsenbirne	Fruchtig süß	Kompott, Marmelade, Sirup, Most	Früchte	20
Frauenmantel	Mild würzig	Salate, Gemüse, Eintöpfe, Tee	Blätter	20
Gänseblümchen	Mild aromatisch	Salate, Suppen, Kräuterquark	Blätter, Blüten, Knospen	21
Gänsefingerkraut	Leicht bitter	Salate, Gemüse, Eintöpfe, Quarkspeisen, Tee	Blätter, Blüten	22
Giersch/Geißfuß	Sellerie-/karottenartig	Salate, Gemüse, Eintöpfe, Schnaps, Essig, Tee	Blätter, Wurzeln	22
Gundermann	Aromatisch würzig	Salate, Suppen, Eintöpfe, Gemüse, Essig, Quarkspeisen, Tee	Blätter, Blüten	24
Guter Heinrich	Mild spinatartig	Gemüse, Eintöpfe, Tee	Blätter	25
Hagebutte	Herb süßlich	Marmelade, Fruchtmark, Suppen, Likör, Tee	Früchte	26
Hirtentäschel	Scharf, pfefferartig	Salate, Suppen, Tee	Blätter, Samen	27
Holunder	Aromatisch fruchtig	Gebäck, Sekt, Mus, Saft, Kompott, Suppe, Wein, Tee	Blütentrauben, Früchte, Rinde	28
Huflattich	Leicht bitter	Salate, Gemüse, Eintöpfe, Aufläufe, Schnaps, Tee	Blüten, Blätter	29
Johanniskraut	Krautig herb, nussartig	Tee, Öl	Blüten für Wund- und Pflegeöl, ganze Pflanze getrocknet für Tee	29
Kamille	Aromatisch	Tee, Rohkost, Süßspeisen, Honig, Sirup	Blüten	31
Kleine Braunelle	Kräftig würzig	Salate, Gemüse, Eintöpfe, Tee	Salate, Essig, Tee	31
Klette	Leicht bitter	Gemüse, Eintöpfe, Aufläufe	Blätter, Wurzeln	32

● Wildpflanze	● Geschmack	● Gerichte	● Verwendung	● Seite
Knoblauchrauke	Knoblauchartig mild	Salate, Gemüse, Eierspeisen, Eintöpfe, Tee	Blätter	33
Knöterich	Leicht bitter	Salate, Gemüse, Eintöpfe, Tee	Blätter	33
Liebstöckel	Maggi-Geschmack	Salate, Gemüse, Eintöpfe, Tee	Blätter	34
Lindenblätter/Blüten	Nussartig mild	Süßspeisen, Tee, Quarkspeisen, Rohkost	Blätter, Blüten	35
Löwenzahn	Herb bitter	Salate, Gemüse, Eintöpfe, Gebäck, Honig, Tee	Blätter, Blüten, Wurzel	36
Minze	Aromatisch	Süßspeisen, Honig, Tee	Blätter	37
Pimpinelle	Würzig, leicht bitter	Salate, Gemüse, Eintöpfe, Tee	Blätter	38
Portulak	Leicht bitter	Salate, Gemüse, Quarkspeisen, Eintöpfe, Tee	Blätter	38
Ringelblume	Sanft aromatisch	Salat, Salben	Blüten, Blätter	39
Rosen	Duftig	Tee, Gebäck, Wein, Marmelade, Essig	Blüten	40
Rosmarin	Kräftig herb	Braten, Fleisch, Fisch, Eierspeisen, Marinaden, Tee	Blätter	41
Salbei	Ätherisch	Salate, Suppen, Gemüse, Eintöpfe, Fettgebratenes, Tee	Blätter	42
Sauerampfer	Sauer würzig	Salate, Gemüse, Eintöpfe, Tee	Blätter	43
Sauerklee	Sauer würzig	Salate, Gemüse, Eintöpfe, Tee	Blätter, Blüten	44
Schafgarbe	Mild krautig	Salate, Gemüse, Eintöpfe, Tee	Blätter, Blüten	45
Spitz-/Breitwegerich	Spinatartig	Salate, Gemüse, Eintöpfe, Tee	Blätter	46
Thymian	Kräftig aromatisch	Salate, Gemüse, Braten, Fisch, Eintöpfe, Tee	Blätter	46
Veilchen	Duftig mild	Essig, Tee	Blätter, Blüten	47
Vogelbeere	Herb süß-bitter	Marmelade, Suppe, Wein, Likör, Schnaps, Tee	Früchte	48
Vogelmiere	Mild aromatisch	Salat, Suppen, Tee	Blätter, Blüten	49
Waldmeister	Duftig aromatisch	Wein, Bowle, Likör, Sirup, Tee	Blätter, Blüten	50
Weißdorn	Herb intensiv	Mehl, Gebäck, Tee	Blätter, Früchte	51
Weiße Taubnessel	Spinatartig	Salate, Gemüse, Eintöpfe, Honig, Tee	Blätter, Blüten	52
Weißer Gänsefuß/Melde	Mild spinatartig	Salate, Gemüse, Eintöpfe, Tee	Blätter	52
Wiesenbärenklau	Kräftig aromatisch	Salate, Kartoffelgerichte, Tee	Blätter, Blüten	53
Wiesenbocksbart	Leicht bitter	Salate, Gemüse, Eintöpfe	Blätter, Wurzel	54
Wiesenknopf	Aromatisch herb	Salate, eingelegte süß-saure Früchte, Gurken- und Kürbisgerichte, Tee	Blätter, Blüten	55
Zinnkraut/ Ackerschachtelhalm	Bitter	Honig, Sirup, Tee	Blätter	55
Zitronenmelisse	Aromatisch sauer	Salate, Gemüse, Eintöpfe, Tee, Schnaps, Süßspeisen	Blätter	56

Über dieses Buch

© 2000 W. Ludwig Buchverlag, München, in der Econ Ullstein List Verlag GmbH & Co. KG, München.

Redaktion
Dr. Margit Brand

Projektleitung
Antje Eszerski

Redaktionsleitung
Dr. Reinhard Pietsch

Bildredaktion
Ute Schoenenburg

Satz und Layout
Mihriye Yücel,
Veronika Moga

Umschlag
Till Eiden

Produktion
Manfred Metzger (Leitung), Annette Aatz

Druck und Bindung
Westermann, Zwickau

Gedruckt auf chlor- und säurearmem Papier

Printed in Germany

ISBN 3-7787-3884-4

● **Einige interessante Adressen im Internet**

http://www.naturkost.de
http://www.01wdr.de/tv/service/essen/rezept/
http://www.almeda.de
http://www.reform-rundschau.de
http://www.waechter.de
http://www.stern.de
http://www.botanicus.de
http://www.suedwest3.de
http://www.naturnah.com
http://www.diabetes-austria.com
http://www.vitamin.ch
http://www.vhs-gl.de
http://www.un-kraut.de
http://www.van25.prima.de
http://www.ano.de

Weitere Infos unseres Autors unter: eirich-mulitmedia.de

Daneben gibt es eine große Anzahl an weiterführender Literatur. Ein Foto-Pflanzenbestimmungsbuch sollten Sie auf jedem Spaziergang dabei haben.

● **Hinweis**

Das vorliegende Buch ist sorgfältig erarbeitet worden. Dennoch erfolgen alle Angaben ohne Gewähr. Weder Autor noch Verlag können für eventuelle Schäden, die aus den im Buch gemachten Hinweisen resultieren, eine Haftung übernehmen.

● **Bildnachweis**

Alle Rezeptbilder stammen von Michael Holz, Hamburg.
Alle Freisteller stammen aus dem Archiv des Südwest Verlages, außer:
Wildlife, Hamburg: 62, 72 (D. Harms); Holz Michael, Hamburg: 127
Alle Bilder stammen von Joachim Heller, außer:
Ernst Beat, Basel: 24, 38 u., 49; Eirich Dietmar, Ottobrunn: 20 o.; Wildlife, Hamburg: 8, 146 (N. Benvie), 20 u., 33 o., 50, 55 u. (D. Harms), 35 (G. Czepluch), 36 (J. Mallwitz), 5 (Delpho), 52, 53, 54(Diez), 55 (P. Hartmann), 56 (Kamien)

Register

● **Zutaten- und Sachregister**